ISO 37301
인증심사원
가이드북

ISO 37301 인증심사원 가이드북

ⓒ 이원일, 2025

초판 1쇄 발행 2025년 6월 12일

지은이	이원일
펴낸이	이기봉
편집	좋은땅 편집팀
펴낸곳	도서출판 좋은땅
주소	서울특별시 마포구 양화로12길 26 지월드빌딩 (서교동 395-7)
전화	02)374-8616~7
팩스	02)374-8614
이메일	gworldbook@naver.com
홈페이지	www.g-world.co.kr

ISBN 979-11-388-4363-8 (03320)

- 가격은 뒤표지에 있습니다.
- 이 책은 저작권법에 의하여 보호를 받는 저작물이므로 무단 전재와 복제를 금합니다.
- 파본은 구입하신 서점에서 교환해 드립니다.

규범준수 경영시스템의
이해와 실무 적용

ISO 37301 인증심사원 가이드북

이원일 지음

좋은땅

서문

왜 지금 ISO 37301인가?

지금 우리는 기업이 단순한 수익 창출을 넘어, 사회적 책임과 윤리를 갖춘 조직으로 거듭나야 하는 시대를 살고 있다. 글로벌 규제 환경은 빠르게 변화하고 있고, 이해관계자들은 기업이 법과 규범을 넘어 윤리적 가치를 실천할 것을 요구하고 있다. 이러한 흐름 속에서 '규범준수(Compliance)'는 더 이상 선택이 아닌 기업 생존의 필수 전략으로 자리잡고 있다.

ISO 37301은 이러한 시대적 요구에 부응하여 국제표준화기구(ISO)가 제정한 규범준수 경영시스템 표준이다. 이 표준은 조직이 법률, 규정, 윤리규범, 계약사항 등을 효과적으로 준수할 수 있도록 체계적이고 지속 가능한 시스템을 구축하는 데 중점을 두고 있다. 단순히 규제를 피하기 위한 형식적 대응을 넘어, 조직 전반에 '규범준수 문화'를 뿌리내리게 하는 것이 핵심이다.

이 가이드북은 ISO 37301을 단순히 조항별로 해설하는 수준에 머물지 않고, 컴플라이언스 및 윤리 프로그램의 역사적 배경, 글로벌 기준(FCPA, UK Bribery Act 등), 국내 CP등급평가 체계와의 비교 분석을 통해 이론과 실무를 아우르는 종합적 이해를 돕고자 한다. 또한 실제 심사에서 요구되는 체크 포인트와 사례를 중심으로, 인증심사원으로서의 실질적인 역량 강화를 목표로 한다.

기업의 책임이 강조되는 시대, 규범준수는 곧 조직의 신뢰와 지속 가능성을 담보하는 힘이다. 이 책이 ISO 37301의 본질을 제대로 이해하고, 심사 실무에 자신 있게 임할 수 있도록 돕는 든든한 길잡이가 되기를 바란다.

차례

서문: 왜 지금 ISO 37301인가? 04

제1부

컴플라이언스의 이해와
규범준수 시스템의 진화

제1장. 컴플라이언스의 개념과 역사   10
1. 레이건의 규제 완화와 S&L 스캔들   10
2. 미국 양형지침과 컴플라이언스 프로그램의 제도화   12
3. 컴플라이언스 vs 윤리: 개념의 진화   15
4. ESG, 책임경영과 컴플라이언스의 접점   18

제2장. 글로벌 컴플라이언스 기준의 흐름   22
1. FCPA, UK Bribery Act 핵심 비교   22
2. OECD · UN 가이드라인과 공급망 실사 기준   26
3. COSO 프레임워크의 시사점   31

제2부

ISO 37301 표준의 구조와 해설

제3장. ISO 37301 개요와 핵심 원칙 — 38
1. 표준의 목적과 적용 범위 — 38
2. HLS 구조 이해: ISO 표준 간 연계성 — 42
3. 규범준수 문화(Compliance Culture)의 중요성 — 47

제4장. ISO 37301 조항별 심층 해설 — 52
1. 조직의 상황과 리스크 기반 접근 — 52
2. 리더십과 거버넌스 — 56
3. 기획(리스크 대응과 목표 설정) — 60
4. 운영(통제 절차, 실사, 교육, 문서 관리) — 65
5. 성과 평가와 모니터링 — 70
6. 시정조치와 지속적 개선 — 74

제3부

CP등급평가 기준과의 연계

제5장. 공정거래 자율준수 프로그램(CP)의 구조와 평가 기준 — 80
1. CP등급평가의 목적과 체계 — 80
2. 2024년 CP 세부측정지표 항목 해설 — 85

3. ISO 37301 요구 사항과의 정합성 비교　　　　　　　　　　88
4. CP 심사 시 주요 증빙 자료와 평가 포인트　　　　　　　　91

제4부

ISO 37301 인증심사 실무

제6장. 인증심사 절차와 심사원 역할　　　　　　　　　　98
1. 인증제도의 구조　　　　　　　　　　　　　　　　　　　98
2. 심사 프로세스(계획 ~ 보고)　　　　　　　　　　　　　103
3. 심사원 윤리강령 및 이해 상충　　　　　　　　　　　　108
4. 부적합 판정과 개선 조치 요구의 실제　　　　　　　　　113

제7장. 심사 체크리스트와 사례 기반 해설　　　　　　　119
1. 실제 심사 시 자주 나타나는 부적합 사례　　　　　　　119
2. 심사원 교육 평가 및 모의심사 시나리오　　　　　　　123

제1부

컴플라이언스의 이해와 규범준수 시스템의 진화

─── 제1장 ───
컴플라이언스의 개념과 역사

1. 레이건의 규제 완화와 S&L 스캔들

1980년대 미국은 "작은 정부, 큰 시장"을 기치로 내건 로널드 레이건 대통령의 규제 완화(Deregulation) 정책을 중심으로 급격한 전환기를 맞이했다. 레이거노믹스(Reaganomics)로 불리는 이 정책은 감세, 정부 지출 축소, 금리 자유화, 산업 규제 철폐를 중심으로 한 시장 중심의 경제 전략이었다. 당시 미국 내에서는 정부의 개입을 최소화하고 시장의 자율성과 유연성을 확대하는 것이 경제 성장을 촉진할 수 있다는 신념이 강하게 작용하고 있었다.

이러한 기조는 금융산업에도 그대로 적용되었다. 특히 '저축대부조합(Savings & Loan associations, 이하 S&L)'이라고 불리는 금융기관은 본래 지역 주민의 주택 구매를 지원하기 위해 설립된 소규모 금융조합이었으나, 1980년대 들어 금융 자유화 조치의 일환으로 대출, 투자, 예금 금리 등에 대한 규제가 완화되면서 점차 고위험 고수익을 추구하는 투자 기관으로 탈바꿈하게 된다.

대표적인 변화는 1982년 제정된 '가넷-세인트 저먼 예금기관법(Garn-St. Germain Depository Institutions Act)'이었다. 이 법은 S&L들이 상업용 부동산 및 고위험 채권 등에 자유롭게 투자할 수 있도록 허용했다. 문제는 이러한 규제 완화가 내부 통제 체계나 윤리적 기준의 강화 없이 시행되었다는 점이다. 금융기관들은 예금자 보호 장치를 믿고 무리한 대출과 부실 투자를 일삼았고, 이에 따라 심각한 손실이 누적되기 시작했다.

이러한 구조적 결함은 곧 대규모 금융 스캔들로 이어졌다. 1986년부터 1989년 사이, 약 1,000개에 달하는 S&L이 파산하거나 구조조정 대상이 되었고, 정부는 예금자 보호를 위해 총 1,600억 달러(당시 기준)에 달하는 공적 자금을 투입해야 했다. 이른바 'S&L 스캔들'로 명명된 이 사태는 단순한 금융 실패를 넘어 미국 내 금융규제 체계, 기업 내부 통제, 공공 책임의 본질을 되짚게 만드는 계기가 되었다.

S&L 스캔들의 핵심 원인은 시장의 자율성을 앞세운 규제 완화가 기업의 윤리적 의사 결정 능력이나 내부 통제 수준의 성숙 없이 추진되었기 때문이다. 법률과 제도가 허용하는 틀 안에서조차 기업들은 탐욕적이고 무책임한 의사 결정을 일삼았고, 이를 감시하고 통제해야 할 장치는 부실하거나 존재하지 않았다. 무엇보다도 '책임 있는 경영'과 '윤리적 판단'이 실종된 상황에서 규제 완화는 결국 사회 전체의 피해로 이

어질 수밖에 없었다.

이 사건은 미국 연방정부가 기업의 규범준수를 촉진하기 위한 새로운 접근을 모색하게 된 계기가 되었고, 그 결과 1991년 미국 양형위원회(U.S. Sentencing Commission)는 조직범죄 양형지침(Sentencing Guidelines for Organizations)을 도입하게 된다. 이 지침은 기업이 스스로 효과적인 컴플라이언스 및 윤리 프로그램을 구축하고 운영할 경우, 형사책임 감면의 대상이 될 수 있도록 유도함으로써, 법적 책임을 넘어 조직 차원의 준법 문화를 확산시키는 전기를 마련했다.

레이건 정부의 규제 완화 정책과 S&L 스캔들은 오늘날 컴플라이언스 경영의 필요성을 이해하는 데 있어 매우 중요한 역사적 사례다. 규제 완화 자체가 잘못된 것이 아니라, 이를 뒷받침할 수 있는 윤리적 통제 체계와 위험 기반의 내부 시스템이 결여될 때, 시장은 쉽게 무너질 수 있다는 교훈을 남겼다. ISO 37301이 강조하는 리더십, 내부 통제, 리스크 평가, 행동 기준의 설정 등은 모두 이러한 과거의 실패에서 비롯된 근거 있는 설계이며, 오늘날의 조직들에게 책임 있는 운영의 기준점을 제공하고 있다.

2. 미국 양형지침과 컴플라이언스 프로그램의 제도화

1980년대 후반 미국은 'S&L 스캔들'을 비롯한 일련의 기업 비리 사건을 통해, 단순한 처벌 중심의 사후적 법 집행만으로는 조직의 윤리적 일탈을 방지할 수 없다는 점을 실감하게 되었다. 이에 따라 조직 내부에서 자율적으로 규범을 지키도록 유도할 수 있는 구조적 방안의 필요성이 대두되었고, 이러한 맥락에서 탄생한 것이 바로 '미국 양형지침(Sentencing Guidelines for Organizations)'이다.

이 지침은 1991년 미국 연방양형위원회(U.S. Sentencing Commission)가 발표한 것으로, 조직이 범죄에 연루되었을 경우 그에 따른 형벌을 결정할 때 참고하는 기준을 제시하고 있다. 특히 이 지침은 형량의 경감 조건으로 "효과적인 컴플라이언스 및 윤리 프로그램(Effective Compliance and Ethics Program)"의 존재 여부를 명시하며, 컴플라이언스를 조직 운영의 핵심 요소로 제도화하는 계기를 마련했다.

양형지침은 다음과 같은 전제에 기반하고 있다. 첫째, 조직은 구성원의 불법 행위를 방지하기 위해 실질적인 내부 통제 체계를 갖추어야 한다. 둘째, 조직이 일정 수준 이상의 준법 노력을 기울였다면, 일부 구성원의 일탈행위에 대해 전체 조직에 동일한 수준의 책임을 묻는 것은 과도하다는 점이다. 이로써 법 집행 기관은 단순 처벌에서 벗어나, 조직이 자율적으로 '규범준수 문화를 정착'시킬 수 있도록 유도하는 방향으로 정책을 전환했다.

양형지침에서 제시한 '효과적인 컴플라이언스 및 윤리 프로그램'은 다음과 같은 7가지 요소로 구성된다.

- ∨ 정책 및 절차: 법 위반을 예방하기 위한 명확한 기준과 지침을 수립해야 한다.
- ∨ 고위경영진의 감독: 최고경영진과 이사회는 프로그램 운영에 명확한 책임과 관심을 가져야 한다.
- ∨ 권한 위임에 대한 실사: 중요한 직무를 맡는 자의 배경과 자격을 충분히 검토해야 한다.
- ∨ 교육 및 커뮤니케이션: 모든 임직원에게 정책과 기준을 명확히 교육하고, 이해를 도와야 한다.
- ∨ 모니터링 및 감사: 프로그램의 운영 상태를 점검하고, 위반 가능성을 사전에 파악할 수 있어야 한다.
- ∨ 징계 및 인센티브 제도: 위반자에 대한 일관된 처벌과, 준수자에 대한 보상 체계가 필요하다.
- ∨ 시정 조치 및 재발 방지: 위반 행위 발생 시 신속한 조치와 근본적 원인 분석을 통해 재발을 방지해야 한다.

이러한 기준은 단순히 법적 요건을 충족하기 위한 수단이 아니라, 조직이 자체적으로 윤리와 책임을 강화하고 위험을 사전에 차단할 수 있는 경영 시스템으로 기능한다. 미국 법무부(DoJ)는 이후 이 프로그램의 실효성을 판단하기 위한 가이드라인을 지속적으로 보완해 왔으며, 2004년과 2010년에는 양형지침 개정을 통해 실질적인 운영성과와 경영진의 독립성, 자율성과 책임성 등을 보다 강화된 요소로 반영했다.

예를 들어, 2004년 개정에서는 '프로그램의 실효성'이 강조되었고, 2010년 개정에서는 '컴플라이언스 책임자의 독립성과 조직 내 영향력'이 중요 기준으로 새롭게 추가되었다. 이를 통해 단지 서류상으로 존재하는 형식적인 제도를 넘어서, 조직 문화에 뿌리내린 실질적인 준법체계로 자리 잡도록 유도한 것이다.

이후 미국뿐 아니라 영국, 프랑스, 브라질, 독일 등 많은 국가들이 미국의 양형지침과 유사한 형태의 형벌 경감 제도를 도입했다. 이는 글로벌 비즈니스 환경 속에서, 기업이 국가별 법률뿐 아니라 국제적인 '기업윤리 기준'을 충족해야 하는 배경이 되었고, ISO 37301, ISO 37001 등의 국제표준 제정에도 영향을 미쳤다.

요약하자면, 미국 양형지침은 기업이 스스로 효과적인 준법시스템을 갖추도록 유도하며, 컴플라이언스를 법적 책임의 방어수단을 넘어 조직경영의 핵심축으로 전환시킨 제도적 출발점이다. ISO 37301 역시 이러한 흐름을 계승하며, 조직이 규범준수를 체계적이고 전사적으로 실현할 수 있는 국제적 기준을 제시하고 있다.

3. 컴플라이언스 vs 윤리: 개념의 진화

컴플라이언스(Compliance)와 윤리(Ethics)는 기업 경영의 지속 가능성과 책임성을 강화하는 핵심 개념으로 자리 잡고 있다. 그러나 두 용어는 자주 혼용되거나 동일시되며 사용되는 경우가 많다. 실제로 이 둘은 밀접하게 연결되어 있으면서도, 뚜렷한 개념적 차이를 가진다. 최근에는 두 개념이 상호보완적으로 작동하며 조직의 의사 결정과 행동에 중요한 영향을 미치는 방향으로 진화하고 있다.

우선 컴플라이언스는 '법률과 규정을 준수하는 것'을 중심으로 정의된다. 이는 조직이 외부의 법령, 규제, 계약 조건, 내부 정책 등을 정확히 이해하고 이를 위반하지 않도록 시스템을 구축하고 관리하는 활동이다. 예를 들어, 금융기관이 자금세탁방지법(AML)을 준수하거나, 대기업이 공정거래법에 따라 담합을 방지하기 위한 내부 교육을 실시하는 것이 대표적이다. 컴플라이언스는 일반적으로 '최소한 지켜야 할 기준'을 의미하며, 위반 시 법적 제재를 받을 수 있다는 점에서 매우 실무적이고 제도 중심적인 영역이다.

반면 윤리는 '무엇이 옳은가에 대한 조직의 가치 판단'에 더 가까운 개념이다. 이는 반드시 법적 의무로 규정되어 있지는 않더라도, 사회 구성원으로서 조직이 마땅히 지켜야 할 도덕적 기준을 의미한다. 윤리적 행동은 법의 범위를 넘어선 책임감을 요구하며, 이는 조직의 미션, 비전, 행동강령(Code of Conduct) 등에서 표현된다. 예를 들어, 합법적인 세금 회피를 했지만 사회적 비난을 받는 사례나, 법적 기준을 충족했음에도 공정성을 해치는 내부 승진 과정 등이 윤리적 논란의 대상이 될 수 있다.

이처럼 컴플라이언스는 '법을 어기지 않는 것', 윤리는 '옳은 일을 하는 것'이라는 요약이 자주 사용된다. 그러나 실제 기업 운영에서는 이 둘이 명확히 분리되기보다는 상호작용을 통해 더 효과적인 조직 문화를 형성한다. 법을 지키는 것만으로는 이해관계자의 신뢰를 얻기 어렵고, 윤리적 기준만으로는 법적 책임을 면할 수 없다. 특히 ESG 경영, 지속 가능성 보고, 공공조달, 공급망 실사 등 외부 이해관계자의 평가 기준이 점점 엄격해지는 상황에서, 기업은 컴플라이언스와 윤리 모두에 기반한 통합적 기준을 갖추는 것이 필수적이다.

컴플라이언스와 윤리의 경계는 시대와 사회의 요구에 따라 유동적으로 변화하고 있다. 과거에는 법적 책임을 면하기 위한 '형식적 컴플라이언스'가 주로 강조되었다면, 이제는 조직 문화에 뿌리내린 '실질적 윤리 준수 체계'가 강조된다. 예를 들어, ISO 37301(규범준수 경영시스템)은 단순히 법령 준수를 위한 절차 마련을 넘어, 조직 전반에 규범준수 문화를 정착시키고 리더십, 교육, 의사소통, 리스크 기반 접근 등을 통해 자율적 책임을 실현하는 시스템을 요구한다.

더불어 국제사회에서도 윤리를 강조하는 흐름은 뚜렷하다. OECD, UN, EU 등은 단순 법규 준수 이상의 윤리적 경영을 강조하고 있으며, ISO 26000(사회적 책임), ISO 37001(부패방지), ISO 37002(내부신고), ISO 37301(규범준수)은 모두 윤리와 컴플라이언스를 통합한 거버넌스 시스템을 제시하고 있다.

기업 내부에서도 컴플라이언스 부서와 윤리경영 부서가 독립적으로 운영되던 과거에서 벗어나, 최근에는 '윤리·준법경영팀' 또는 'ESG경영실'처럼 통합 조직으로 개편되고 있는 추세다. 이는 단순히 조직 개편의 문제가 아니라, 윤리와 컴플라이언스를 하나의 프레임워크 안에서 전략적으로 관리해야 한다는 인식이 자리 잡고 있기 때문이다.

결국, 컴플라이언스는 조직이 '해야 할 일'을, 윤리는 조직이 '마땅히 해야 할 일'을 말한다. 오늘날의 조직은 이 두 개념을 균형 있게 수용하고, 단순한 준수에서 나아가 적극적 윤리 실천을 통해 지속 가능한 가치 창출을 실현해야 한다. 이는 고객, 투자자, 직원, 규제 기관 등 모든 이해관계자에게 책임 있는 기업으로서의 신뢰를 확보하는 출발점이 될 것이다.

4. ESG, 책임경영과 컴플라이언스의 접점

최근 경영 환경에서 가장 중요한 키워드 중 하나는 단연 ESG(Environment, Social, Governance)이다. ESG는 단순한 기업의 비재무적 요소를 평가하는 기준을 넘어서, 조직의 장기적 가치와 지속 가능성을 가늠하는 중요한 틀로 자리매김하고 있다. 기업은 이제 이윤 추구를 넘어 환경 보호, 사회적 책임, 윤리적 지배 구조를 충실히 이행해야 한다는 시대적 요구에 직면해 있다.

이러한 변화 속에서 '컴플라이언스(Compliance)'는 ESG 경영의 핵심 기초이자 실행의 기반으로 떠오르고 있다. 과거에는 컴플라이언스를 법규 위반 방지를 위한 최소한의 장치로 인식했지만, 현재는 ESG 실현의 전제 조건으로서, 나아가 책임경영(Responsible Management)의 실질적 수단으로 이해되고 있다.

우선 E(Environmental) 영역에서 컴플라이언스는 환경 관련 법령과 규제를 준수하는 것을 의미하는 동시에, 조직이 탄소 중립, 오염 물질 배출 관리, 에너지 효율성 등에서 자발적이고 투명하게 대응할 수 있도록 하는 내부 통제 체계를 의미한다. 예를 들어, 탄소배출권 거래, 환경영향평가 보고, 폐기물 처리 절차 등은 모두 환경 컴플라이언스의 일환이며, 위반 시 사회적 신뢰는 물론 사업 기회 자체를 상실할 수 있다.

S(Social) 영역에서 컴플라이언스는 노동 기준, 인권 존중, 공정거래, 정보보안 등과 밀접한 관련이 있다. 특히 공급망 실사(Due Diligence)와 같은 프로세스는 기업이 직접 고용하지 않은 협력사나 하청업체의 행위까지도 책임져야 하는 구조로 확대되고 있다. OECD의 공급망 실사 가이드라인이나 EU의 기업 지속 가능성 실사지침(CSDDD) 등은 이러한 흐름을 반영하고 있으며, 이때 중요한 것은 '법적 준수 + 윤리 기준의 적용'이라는 점이다.

G(Governance), 즉 지배 구조 영역에서는 컴플라이언스의 역할이 더욱 명확하다. 경영진의 리더십과 독립성, 이사회의 책임성과 투명한 의사 결정, 내부 고발 시스템, 이해 상충 방지 등은 모두 컴플라이언스 시스템이 효과적으로 작동할 때 실현 가능한 요소들이다. 특히 ISO 37301은 이러한 지배 구조 전반에 규범준수 문화를 정착시키고, 경영

진이 책임지고 이를 이행하도록 설계된 시스템이다.

이러한 점에서 컴플라이언스는 ESG 경영의 기초 체력이자, 조직이 책임을 다하는 방식의 메커니즘이라 할 수 있다. ESG의 각 영역은 '무엇을 해야 하는가'에 관한 방향성과 가치 기준을 제시한다면, 컴플라이언스는 '그것을 어떻게 실행하고 실현할 것인가'에 대한 구체적인 실천 도구인 셈이다. 즉, 컴플라이언스 없는 ESG는 선언에 그칠 가능성이 높고, ESG와 동떨어진 컴플라이언스는 단순한 규정 준수에 머물 위험이 있다.

또한 최근에는 ESG 평가기관이나 투자자, 금융기관 등 외부 이해관계자들이 기업의 준법경영 체계를 중요한 평가 항목으로 포함하고 있다. 내부 통제 시스템, 리스크 관리 프레임워크, 컴플라이언스 정책과 인사제도, 내부 고발 채널 운영 현황 등은 ESG 정보공개 기준(TCFD, SASB 등)이나 지속가능경영보고서(GRI 기준 등)에서 반드시 다루어야 할 내용이다. 즉, 컴플라이언스는 ESG 성과의 기반 데이터이자, 보고 가능성을 높이는 실무적 장치이기도 하다.

기업의 책임경영(Responsible Management)은 단순히 손해를 피하고 리스크를 통제하는 수준이 아니라, 사회적 책임을 다하고 장기적인 신뢰를 구축하는 방식의 경영을 의미한다. 이때 컴플라이언스는 윤리와 법의 기준을 기준 삼아 조직의 의사 결정과 행동을 정렬시키고, ESG의 목표와 전략을 조직 문화와 제도에 내재화하는 데 핵심 역할을 한다.

따라서 컴플라이언스는 ESG와 별개로 존재하는 기능이 아니라, ESG 실천의 촉진자이자 책임경영의 핵심 축으로서 작동한다. ISO 37301과 같은 규범준수 경영시스템은 이러한 역할을 시스템 차원에서 가능하게 하며, 법규 준수에서 나아가 조직의 전략과 가치, 리더십에 컴플라이언스를 내재화할 수 있도록 설계되어 있다.

요약하면, ESG는 기업의 가야 할 방향을 제시하고, 책임경영은 그 길을 걷는 방식이며, 컴플라이언스는 그 여정에서 벗어나지 않도록 지켜주는 내비게이션이다. 지금 시대의 기업에게 컴플라이언스는 더 이상 '소극적 방어 전략'이 아니라, ESG 시대를 헤쳐 나가기 위한 능동적 경영 전략으로 진화하고 있다.

―――― 제2장 ――――
글로벌 컴플라이언스 기준의 흐름

1. FCPA, UK Bribery Act 핵심 비교

    기업의 부패 방지 컴플라이언스를 이해하기 위해 반드시 짚고 넘어가야 할 국제 기준이 바로 미국의 해외부패방지법(FCPA: Foreign Corrupt Practices Act)과 영국의 뇌물수수 방지법(UK Bribery Act)이다. 두 법은 전 세계적으로 가장 강력하고 광범위하게 적용되는 반부패 법령으로, 다국적 기업뿐 아니라 국내외 거래를 수행하는 거의 모든 기업에게 직접적인 영향을 미친다. 특히 ISO 37301이나 ISO 37001과 같은 국제표준이 이 두 법의 구조와 취지를 반영하고 있어, 그 내용을 비교 분석하는 것은 규범준수 시스템을 이해하는 데 매우 중요하다.

(1) 법 제정 배경과 역사
FCPA는 1977년 미국에서 제정되었다. 당시 수백 개 미국 기업들이

해외 정부 관계자에게 뇌물을 제공해 비즈니스 이익을 얻은 사실이 밝혀졌고, 이는 워터게이트 사건 이후 미국 내에서 공공윤리에 대한 요구가 높아진 시대적 흐름과 맞물려 있었다. 이에 따라 미국 정부는 해외에서의 부패 행위를 제한하고, 미국 기업의 회계 투명성을 강화하기 위한 법률로 FCPA를 도입했다.

UK Bribery Act는 2010년 제정되어 2011년부터 시행되었다. 기존의 영국 부패방지 법령들이 지나치게 단편적이고 적용에 한계가 있다는 비판 속에, 보다 포괄적이고 현대적인 반부패 법 체계를 마련하기 위한 목적에서 만들어졌다. 특히 영국은 OECD 부패방지협약을 준수하기 위해 강력한 법적 도구를 마련할 필요가 있었다.

(2) 적용 대상 및 범위

FCPA는 미국 국내 기업뿐 아니라, 미국 내에서 상장되었거나 미국 자본시장과 연결된 외국 기업, 그리고 미국 영토 내에서 부패행위를 수행한 모든 개인과 법인에 적용된다. 실제로 해외 기업이 미국 달러로 거래하거나, 미국 이메일 서버를 통해 부패 행위를 수행했다는 이유로 FCPA 적용 대상이 된 사례도 있다. 이처럼 광범위한 관할권(Extraterrestrial Jurisdiction)은 FCPA의 특징 중 하나이다.

반면 UK Bribery Act는 더욱 포괄적인 적용 범위를 가진다. 영국 내에 설립된 모든 기업은 물론, 영국 내에서 '사업 운영의 실질적 부분'을 수행하는 해외 기업도 적용 대상이 된다. 단지 물리적 사무소가 없더라도,

영국 내에서 일정 수준의 비즈니스 활동을 수행하고 있다면 적용받을 수 있다. 이에 따라 FCPA보다 적용 범위가 더 넓다는 평가를 받는다.

(3) 금지하는 행위와 구성 요건

FCPA는 크게 두 가지 축으로 구성되어 있다. 하나는 '뇌물공여 금지 조항', 다른 하나는 '회계기록 및 내부 통제 조항'이다. 특히 뇌물 공여 조항은 '외국 공무원'에게 뇌물을 제공하거나 제공을 약속하는 행위를 처벌 대상으로 한다. 그러나 민간 기업 간의 뇌물은 해당되지 않는다. 반면, 회계 기록 조항은 기업이 회계 장부를 투명하게 유지하고 내부 통제를 갖추도록 규정한다.

UK Bribery Act는 FCPA보다 더 엄격하고 포괄적이다. 뇌물의 공여뿐만 아니라 수수, 제3자 경유, 민간 기업 간의 부정한 거래까지도 처벌 대상에 포함된다. 특히 기업이 부패를 예방하기 위한 '적절한 절차(Adequate Procedures)'를 갖추지 않은 경우, 기업 자체가 관리 책임(Failure to Prevent Bribery)으로 처벌될 수 있다. 이는 기업의 입장에서 매우 중대한 책임 요소다.

(4) 제재 수단과 리스크

두 법 모두 형사 및 민사 제재를 포함하며, 막대한 벌금, 기업 이미지 손상, 정부 입찰 자격 박탈 등의 결과를 초래할 수 있다. FCPA 위반으로는 수억 달러의 벌금 사례가 빈번하고, UK Bribery Act는 기업 해산 및 고위 임원의 형사처벌까지 가능하다.

실제로 다국적 기업들은 FCPA와 UK Bribery Act 위반으로 인해 글로벌 사업 운영에 심각한 타격을 입는 경우가 많다. 노키아, 지멘스, 에어버스 등 주요 글로벌 기업들이 FCPA 혹은 UKBA 위반 혐의로 수억 달러의 벌금 및 시정조치를 이행한 사례는 대표적이다.

(5) ISO 표준과의 연계성

ISO 37301(규범준수 경영시스템)은 조직이 이러한 복잡한 법규 체계에 대응할 수 있도록, 리스크 기반의 규범준수 시스템을 수립하고 운영할 수 있는 프레임워크를 제공한다. 특히 ISO 37301은 UKBA의 '적절한 절차' 요건이나, FCPA의 회계 통제 요건과 논리적으로 긴밀히 연결되어 있다.

또한 ISO 37001(부패방지 경영시스템)은 FCPA 및 UKBA에서 요구하는 내부 통제, 교육, 신고절차, 실사 체계를 모두 시스템적으로 반영하고 있어, 해당 인증을 취득한 기업은 실질적인 리스크 저감 효과를 누릴 수 있다.

항목	FCPA (미국)	UK Bribery Act (영국)
제정 년도	1977년	2010년
적용 대상	미국 기업, 상장사, 해외 기업 등	영국 기업 및 영국 내 비즈니스 수행 해외 기업

금지 대상	외국 공무원 대상 뇌물	공무원 + 민간인 대상 뇌물 모두 포함
기업 책임 기준	내부 통제 및 회계 기록 요건	부패 방지를 위한 '적절한 절차' 미비 시 기업 책임 발생
벌금 및 제재	민사/형사 처벌, 벌금, 거래 제한 등	형사처벌, 기업 해산, 벌금 등
ISO와의 연계	ISO 37301, ISO 37001과 연계 가능	ISO 37301, ISO 37001의 직접적 적용 근거 많음

FCPA와 UK Bribery Act는 국제 반부패 법제도의 양대 축이라 할 수 있으며, 이들 법령의 요구 사항을 충실히 반영한 경영시스템이 바로 ISO 37301이다. 따라서 이 표준을 도입하고 인증받는 것은 단순한 문서화 작업을 넘어, 국제적 신뢰 확보와 지속 가능한 컴플라이언스 경영을 실현하는 중요한 전략이 될 수 있다.

2. OECD · UN 가이드라인과 공급망 실사 기준

최근 글로벌 비즈니스 환경에서 '책임 있는 공급망 관리'는 기업의 필수 과제로 자리 잡고 있다. 이제 단순히 자사 내부의 법률 준수에 그치지 않고, 공급업체를 포함한 전(全) 밸류체인에서의 규범준수 여부가 기업의 지속 가능성, 투자 유치, 브랜드 신뢰에 직접적인 영향을 미친다. 이러한 흐름은 OECD 가이드라인과 UN 이니셔티브를 통해 제도화되었고, 다양한 국가에서 이를 법제화하거나 기업 실사 기준으로 채택하고 있다.

(1) OECD 다국적기업 가이드라인

OECD 다국적기업 가이드라인(OECD Guidelines for Multinational Enterprises on Responsible Business Conduct)은 1976년 제정되어 지속적으로 개정된, 가장 포괄적이고 권위 있는 국제적 책임경영 지침 중 하나이다. 이 가이드라인은 OECD 회원국 및 일부 비회원국 정부가 채택한 정부 간 합의 문서로, 노동, 환경, 인권, 부패 방지, 소비자 보호, 세금 등 광범위한 주제를 포괄하며, 기업에게 다음과 같은 원칙을 권고하고 있다.

∨ 공급망 전반에서 인권 및 노동 기준을 존중할 것
∨ 환경에 미치는 영향을 사전에 식별하고 완화할 것
∨ 부패, 뇌물 수수, 갈취 관행을 방지할 내부 통제 체계를 구축할 것
∨ 투명한 정보 공개 및 지속 가능성 관련 보고를 정기적으로 수행할 것

특히 2011년 개정된 이후, 공급망 실사(Due Diligence)의 중요성이 강조되었고, 이는 기업이 단순히 자사의 행위에만 책임지는 것이 아니라, 거래 관계에 있는 협력사·하청업체·위탁업체의 인권 침해나 부패 리스크에도 연대 책임을 질 수 있다는 국제적 기준을 세웠다.

(2) OECD 공급망 실사 가이드라인(Due Diligence Guidance)

OECD는 2018년 「책임 있는 기업행동을 위한 실사 가이드라인(Due Diligence Guidance for Responsible Business Conduct)」을 별도로 제정해 실무 적용을 구체화했다. 이 가이드라인은 기업이 다음의 6단계 실사 프로세스를 구축할 것을 권고한다.

- ∨ 정책 수립: 경영진이 실사 정책을 승인하고, 기업의 책임 경영 방침에 반영
- ∨ 리스크 식별: 공급망 전반에서 인권, 환경, 부패 등의 리스크를 분석
- ∨ 리스크 대응: 리스크 완화 방안 실행 및 협력사 개선 유도
- ∨ 모니터링: 정책과 절차의 효과성 주기적 평가
- ∨ 커뮤니케이션: 외부 이해관계자에게 실사 진행 상황 및 결과 보고
- ∨ 피해 회복: 침해 발생 시 적절한 구제 조치 및 피해 회복 절차 운영

이 가이드는 ISO 37301의 리스크 기반 접근법 및 모니터링-개선 사이클과 매우 유사한 구조를 가지고 있어, 국제 표준과 정합성 있는 실사 시스템 구축이 가능하다.

(3) UNGP와 글로벌 기준 흐름

UN 기업과 인권 이행원칙(UN Guiding Principles on Business and Human Rights, 2011) 역시 공급망 실사의 중요한 기준을 제시한다. 여

기서 가장 핵심적인 개념은 "기업은 자사의 직접적인 행위뿐 아니라, 사업관계(Business Relationships)를 통해 발생하는 인권 침해에 대해서도 책임이 있다"는 원칙이다. 이 기준은 유엔 회원국, 다국적기업, 국제기구에서 광범위하게 채택되고 있으며, 글로벌 기업의 인권 실사 기준으로 작용한다.

UNGP는 특히 다음의 세 가지 의무 구조를 강조한다.

- ∨ 인권 보호에 대한 국가의 의무(The state duty to protect human rights)
- ∨ 인권 존중을 위한 기업의 책임(The corporate responsibility to respect human rights)
- ∨ 구제 수단 접근(Access to remedy)

이 원칙은 OECD 실사 가이드라인과 결합되어, 유럽연합(EU) 및 일부 국가에서 공급망 실사법(CSDDD 등)의 입법 근거로 활용되고 있다.

(4) 각국 법제화 현황과 시사점

OECD·UN 기준은 이미 각국에서 법제화되고 있으며, 그 대표적인 예는 다음과 같다.

- ∨ 독일 공급망 실사법(LkSG): 일정 규모 이상의 기업은 협력업체의

인권·환경 리스크를 평가하고, 공개 보고서 제출 의무 부과
- ∨프랑스 기업의 주의의무법(Devoir de vigilance): 기업이 전 밸류 체인에 걸쳐 인권 침해 및 환경 파괴를 예방할 조치를 취해야 함
- ∨EU 기업 지속 가능성 실사 지침(CSDDD): ESG 기반 실사를 법적 의무로 규정, 이사회 책임도 명확히 규정

이처럼 글로벌 시장에서 활동하는 기업은 거래 파트너의 규범준수 여부까지 확인하고, 위반 시 리스크 관리 책임을 다하도록 요구받고 있다.

(5) ISO 37301과의 연계성

ISO 37301은 조직의 규범준수 리스크를 체계적으로 식별하고, 관리하며, 문서화된 정보를 기반으로 책임 있는 경영을 실현하도록 설계되어 있다. 이 표준은 다음과 같은 방식으로 OECD·UN 기준과 연계된다.

- ∨리스크 기반 접근: 실사 과정에 규범준수 리스크를 반영하여 리스크 매트릭스 구성
- ∨문서화 및 증빙: 공급망 실사 프로세스의 단계별 문서화 요구 사항과 일치
- ∨조직 책임 강화: 내부 정책, 교육 훈련, 제보시스템을 통해 실사의 실효성 확보
- ∨이해관계자 커뮤니케이션: 내부 외 보고 체계와 연계하여 투명성

증진

즉, ISO 37301은 실사 체계의 '기술적 인프라'를 제공하며, 기업이 국제 기준에 따라 책임 있는 공급망 관리 시스템을 구축할 수 있도록 돕는다.

3. COSO 프레임워크의 시사점

컴플라이언스 경영과 규범준수 시스템의 발전을 논할 때 COSO 프레임워크(Committee of Sponsoring Organizations of the Treadway Commission)는 반드시 언급되어야 할 핵심 이론적 기반이다. COSO는 미국 내 회계 스캔들과 기업 부실의 근본 원인을 진단하고, 이를 방지하기 위한 내부 통제(Internal Control)와 리스크 관리(Enterprise Risk Management, ERM) 시스템의 표준 모델을 제공하기 위해 1985년 설립된 조직이다.

(1) COSO의 구성과 개요

COSO는 처음에는 내부 통제의 개념을 체계화하고자 1992년 '내부 통제 - 통합 프레임워크(Internal Control - Integrated Framework)'를 발표했다. 이후 2013년 개정판에서는 급변하는 리스크 환경과 IT 발전 등을 반영하여 조직의 지배 구조와 경영 환경 변화에 적응할 수 있는 프레임워크로 진화했다. 또한 2004년에는 보다 확장된 형태의 'ERM(Enterprise Risk Management) 프레임워크'를 별도로 발표하며, 조직의 전략적 목표 달성과 리스크 대응을 통합적으로 관리할 수 있는 시스템을 제안했다.

COSO 내부 통제 프레임워크는 다음의 5가지 구성요소로 이루어져 있다.

① 통제환경(Control Environment)
조직의 윤리적 가치, 리더십의 규범준수 의지, 조직 문화가 내재된 기본 구조

② 리스크 평가(Risk Assessment)
조직이 직면한 리스크를 식별·분석하고, 그 영향을 평가하여 우선순위화

③ 통제활동(Control Activities)
정책과 절차에 따른 실행 조치 및 모니터링 활동

④ 정보와 커뮤니케이션(Information & Communication)
적절한 정보 전달과 의사소통을 통해 구성원 간 규범 인식 공유

⑤ 모니터링 활동(Monitoring Activities)
내부 통제의 효과성을 정기적으로 점검하고, 시정조치를 이행

이러한 구성은 조직이 실질적으로 컴플라이언스를 준수하고, 윤리적 경영을 실현하기 위한 최소 요건으로 작동한다.

(2) COSO ERM의 확장성과 전략적 리스크 접근

2017년에 발표된 COSO ERM 개정판 "Enterprise Risk Management - Integrating with Strategy and Performance"는 기존의 리스크 관리 개념을 뛰어넘어, 전략 수립과 경영성과까지 포괄하는 새로운 개념을 제시했다. 핵심은 리스크를 단순히 회피해야 할 위협이 아니라, 전략적 기회를 평가하는 지표로 간주해야 한다는 것이다.

COSO ERM은 ISO 31000(리스크 관리 - 가이드라인)과 유사한 구조를 가지며, 특히 ISO 37301이 요구하는 규범준수 리스크의 식별·평가·대응 과정과 높은 정합성을 가진다. 기업은 COSO ERM을 기반으로 전사적인 리스크 매트릭스를 구축하고, 컴플라이언스 리스크도 재무·운영 리스크와 동일한 수준에서 전략적으로 접근할 수 있다.

(3) COSO와 ISO 37301의 연계성

COSO 프레임워크는 ISO 37301 규범준수 경영시스템과 철학과 구조에서 매우 유사하다. 특히 다음과 같은 부분에서 연계성이 뚜렷하다.

∨ 리더십의 역할 강조: ISO 37301은 리더십(5장)을 통해 규범준수 문화 정착을 강조하며, 이는 COSO의 통제환경 구성 요소와 일치한다.

∨ 리스크 기반 접근법: COSO의 리스크 평가와 ISO 37301의 규범준수 리스크 평가(4.6)는 동일한 사고 체계를 기반으로 한다.

∨ 모니터링과 개선: ISO 37301의 성과평가 및 시정조치 항목(9~10장)은 COSO의 모니터링 구성요소와 완전히 호환된다.

∨ 의사소통과 정보 관리: 두 시스템 모두 내부 커뮤니케이션과 문서화된 정보의 중요성을 강조하고, 보고체계 구축을 요구한다.

따라서 ISO 37301을 COSO의 내부 통제 구조에 통합하여 운영하면, 규범준수의 실효성과 조직 전체의 통제력 모두를 높일 수 있다.

(4) 실무 시사점

ISO 37301을 도입하거나 운영 중인 조직에게 COSO 프레임워크는 다음과 같은 실무적 시사점을 제공한다.

∨ 내부 통제 기준의 강화: ISO 표준은 요구 사항 중심이지만, COSO는 원칙 기반으로 유연한 적용이 가능해 경영 환경 변화에 효과적으로 대응할 수 있다.

∨ 컴플라이언스 책임 부서의 위상 강화: COSO는 조직의 통제환경을 '경영진 책임'으로 명확히 설정하고 있어, 컴플라이언스 조직의 전

략적 위치 확보에 도움이 된다.
- ∨ 통합적 거버넌스 구축: ISO, COSO, ESG 기준을 통합하여 하나의 '전사적 책임경영 프레임워크'로 구성할 수 있는 기초가 마련된다.
- ∨ 내부 감사·심사 효율성 제고: 내부감사 부서가 COSO 기반으로 운영될 경우, ISO 37301의 내부심사와 자연스럽게 연계되어 시너지 창출이 가능하다.

요약하자면, COSO 프레임워크는 규범준수 시스템을 조직 전반의 전략, 리스크, 성과관리와 연결시키는 데 매우 효과적인 이론적 기반이다. ISO 37301이 실무적 기준과 프로세스를 제공한다면, COSO는 그 위에 놓을 수 있는 '원칙과 방향'의 틀이라 할 수 있다. 두 체계를 통합하여 운영하면, 기업은 규범준수를 넘어, 책임 있는 전략경영과 건전한 조직 문화라는 두 마리 토끼를 모두 잡을 수 있을 것이다.

제2부

ISO 37301 표준의
구조와 해설

―――― 제3장 ――――
ISO 37301 개요와 핵심 원칙

1. 표준의 목적과 적용 범위

국제표준 ISO 37301은 조직이 규범준수(Compliance)를 단순한 법적 의무가 아닌, 경영 전략의 핵심 요소로 인식하도록 유도하는 것을 목표로 한다. 이 표준은 조직이 관련 법령, 규제, 자발적 기준 및 윤리 원칙을 효과적으로 준수할 수 있도록 체계적인 경영시스템을 수립하고 운영하는 데 필요한 요구 사항과 지침을 제공한다. 2021년 제정된 ISO 37301은 기존의 ISO 19600(권고형 가이드라인)을 발전시켜, 인증이 가능한 규격(Requirements standard)으로 새롭게 탄생한 점에서 중요한 의의를 가진다.

(1) 표준의 제정 목적
ISO 37301의 가장 핵심적인 목적은, 조직이 규범준수를 통해 책임 있는 경영을 실현하고, 지속 가능한 성장을 가능하게 하는 체계를 구축하도록 돕는 것이다. 과거 기업의 컴플라이언스 활동은 주로 법적 리스크 회피나 규제 대응 중심으로 운영되었다. 하지만 최근 ESG 경영, 공급망 실사, 이해관계자 요구 증대 등 복잡한 환경 속에서 단순한 규제 준수만으로는 기업의 신뢰를 확보할 수 없게 되었다.

이에 따라 ISO 37301은 조직의 내부 운영뿐 아니라 외부 이해관계자와의 관계 속에서도 규범준수가 체계적으로 작동하도록 요구한다. 이 표준은 컴플라이언스 시스템을 조직의 문화, 전략, 거버넌스와 유기적으로 연계시키며, 법 위반 방지뿐 아니라 윤리적 행동, 투명한 의사 결정, 공정한 조직 문화 정착까지 포괄하는 실천적 구조를 제시한다.

또한 ISO 37301은 다음과 같은 가치 실현을 목표로 한다.

∨ 법적·규제적 리스크의 최소화
∨ 조직의 명성 및 이해관계자 신뢰 확보
∨ 윤리적 행동을 촉진하는 조직 문화 조성
∨ 전사적 내부 통제 및 책임경영 강화
∨ 국제 표준 기반의 인증을 통한 대외 경쟁력 확보

(2) 적용 가능한 조직

ISO 37301은 모든 유형과 규모의 조직에 적용 가능하다. 기업, 공공기관, 비영리 단체 등 조직의 형태나 산업 분야에 관계없이 표준의 기본 원칙을 적용할 수 있도록 설계되어 있다. 특히 다음과 같은 조직에 효과적으로 활용될 수 있다.

∨ 국내외 법령 및 산업 규제가 복잡한 기업
   → 예: 제약, 금융, 에너지, 건설, 유통 등
∨ 글로벌 공급망을 운영하거나 수출입 비중이 높은 기업
   → 해외 반부패법(FCPA, UKBA 등) 준수를 위한 시스템 필요
∨ 공공 부문 및 공기업
   → 공공 조달, 윤리경영, 청렴도 제고 등을 위한 규범준수 체계 요구
∨ 중소기업 및 스타트업
   → 간결한 체계로도 적용 가능한 유연한 구조로 설계되어 초기 대응 가능
∨ ESG 및 지속가능경영 보고를 준비하는 조직
   → GRI, ISO 26000, UNGC 등과 연계된 책임경영 기준으로 활용 가능

특히 ISO 37301은 규모가 작거나 복잡하지 않은 조직이라 하더라도, 그 조직이 운영하는 활동의 리스크 특성과 이해관계자 요구 수준에 따라 맞춤형으로 설계할 수 있도록 허용한다. 이는 규범준수 시스템을 획일화된 규격이 아닌, 실질적 위험과 필요에 맞춘 유연한 도구로 접근할 수 있음을 의미한다.

(3) 적용 범위의 정의와 설정 방법

ISO 37301을 도입하는 조직은 먼저 "적용 범위(scope)"를 명확히 정의해야 한다. 이는 규범준수 경영시스템이 어떤 법적·윤리적 기준에 기반하고, 어떤 활동·부서·지역에 적용되는지를 명시하는 단계이다.

적용 범위 설정 시 고려할 요소는 다음과 같다.

∨ 조직의 목적, 전략, 활동 특성
∨ 관련 법률, 규제, 업계 기준
∨ 조직이 직면한 규범 리스크
∨ 주요 이해관계자의 요구 사항
∨ 적용 대상 활동의 지리적·기능적 범위

예를 들어, 해외 법인 또는 특정 사업부에 규범 리스크가 집중되어 있다면, 해당 부서에 한정된 적용 범위를 설정하고 단계적으로 전사 확장을 추진할 수 있다. 이는 자원과 역량이 제한된 조직에게 실질적인 도입 전략을 제공한다.

(4) 실무 적용에서의 유연성

ISO 37301의 큰 장점 중 하나는 실무 중심의 유연성이다. 이 표준은 '필요한 경우 합리적이고 비례적인 방식으로(compliance measures shall be reasonable and proportionate)'라는 표현을 반복적으로 사용

한다. 이는 조직이 규범준수 시스템을 구축할 때, 위험의 크기, 조직의 여건, 산업 특성 등을 종합적으로 고려하여 자율적으로 설계할 수 있음을 의미한다.

예를 들어, 대기업의 경우에는 별도의 컴플라이언스 위원회, 리스크 매트릭스, 고도화된 모니터링 시스템이 요구되겠지만, 중소기업은 간소화된 정책, 주요 위험 중심의 체크리스트, 내부 교육만으로도 시스템의 본질을 유지할 수 있다.

결론적으로 ISO 37301은 단순히 "법을 지키는 틀"이 아니라, 조직이 스스로 책임 있는 주체로서 행동하고, 그 의지를 시스템으로 증명할 수 있도록 돕는 전략적 도구이다. 모든 조직은 크고 작음을 떠나 규범 리스크에 노출되어 있으며, ISO 37301은 이러한 리스크를 조직의 가치 실현과 경영성과로 전환시키는 실용적이고 국제적인 기준이라 할 수 있다.

2. HLS 구조 이해: ISO 표준 간 연계성

국제표준화기구(ISO)는 다양한 분야의 경영시스템 표준을 개발하면서, 각 표준이 제각기 다른 구조와 용어를 사용할 경우 조직이 이를 통합적으로 도입하고 운영하는 데 큰 어려움을 겪는다는 문제를 인식하게 되었다. 이에 따라 ISO는 2012년부터 모든 경영시스템 표준에 적용되는 공통 구조인 HLS(High Level Structure)를 도입했다. HLS는 경영시스템 표준 간의 체계적 연계성과 상호운용성을 확보하고, 조직이 여러 표준을 효율적으로 통합 관리할 수 있도록 돕기 위해 고안되었다.

(1) HLS의 개념과 구조

HLS는 ISO가 개발한 경영시스템 표준의 공통 골격이다. 이는 각기 다른 목적을 가진 표준(예: 품질, 환경, 정보 보호, 부패 방지 등)이 동일한 틀 내에서 운영될 수 있도록 동일한 조항 구조와 핵심 요구 사항, 용어 체계를 제공한다. ISO가 제시한 HLS는 다음의 10개 조항을 기본으로 한다.

∨ 적용범위(Scope)
∨ 인용표준(Normative references)
∨ 용어와 정의(Terms and definitions)
∨ 조직의 상황(Context of the organization)
∨ 리더십(Leadership)
∨ 기획(Planning)
∨ 지원(Support)
∨ 운용(Operation)
∨ 성과평가(Performance evaluation)
∨ 개선(Improvement)

이 공통 구조는 ISO 9001(품질경영), ISO 14001(환경경영), ISO 45001(안전보건), ISO 37001(부패방지), 그리고 ISO 37301(규범준수) 등 모든 최신 ISO 경영시스템 표준에 동일하게 적용된다.

(2) HLS의 도입 배경과 필요성

HLS가 도입되기 전까지, 각 표준은 제정 기관이나 개발 시기에 따라 구조와 용어, 문서화 요구 사항이 달랐다. 이로 인해 조직은 여러 표준을 동시에 적용하려 할 때, 중복된 절차와 자원 낭비, 문서 혼선, 부서 간 갈등 등의 문제에 직면했다.

HLS는 이러한 문제를 해결하고, 경영시스템의 통합 운영(Integrated Management System, IMS)을 실현하기 위해 고안되었다. HLS 덕분에 하나의 표준만 이해하면, 다른 표준도 비슷한 구조 속에서 손쉽게 접근하고 도입할 수 있으며, 교육·문서화·심사 등 모든 측면에서 운영 효율성을 획기적으로 높일 수 있다.

(3) ISO 37301과 HLS의 연계

ISO 37301은 HLS 구조를 완전하게 따르고 있는 규범준수 경영시스템 표준이다. 이는 ISO 37001(부패방지), ISO 9001(품질), ISO 14001(환경), ISO 45001(안전보건), ISO 27001(정보보호) 등과 구조적으로 일치하기 때문에, 다중 경영시스템을 운영하고 있는 조직에 최적화된 도입이 가능하다.

예를 들어 다음과 같은 방식으로 연계성이 실현된다.

∨ 조직의 상황(4장): 모든 표준이 조직의 내외부 이슈 및 이해관계자 요구 사항을 분석하여 시스템 구축의 기초로 삼는다.
∨ 리더십(5장): 최고경영자의 책무, 방침 선언, 조직 내 책임과 권한 배분 등 공통된 요구 사항을 공유한다.
∨ 기획(6장): 리스크 기반 사고(Risk-based thinking)를 기반으로 목표 수립과 실행 계획을 수립하는 과정이 동일하다.
∨ 지원(7장): 문서화된 정보, 인식, 역량, 의사소통 등의 항목을 표준 간 공통 운영할 수 있다.
∨ 운영 및 성과평가(8~9장): 실제 업무 프로세스와 모니터링, 내부 심사, 경영 검토 등의 흐름이 유사하다.

(4) HLS 기반 통합 운영의 실익

HLS 구조를 기반으로 한 ISO 표준의 연계 운영은 다음과 같은 구체적 이점을 제공한다.

∨ 문서 간소화: 매뉴얼, 방침, 절차서 등 중복 문서를 통합해 관리 가능
∨ 심사 효율화: 하나의 심사 계획으로 다중 표준을 한 번에 평가 가능
∨ 교육 통합: 직원 교육 및 인식 제고 활동을 통합 설계할 수 있어 리소스 절감

∨ 내부 커뮤니케이션 향상: 용어와 개념의 통일로 조직 내 이해도와 실행력 향상
∨ 리스크 통합관리: 품질, 환경, 규범준수 등 리스크를 통합 매트릭스로 분석·관리 가능
∨ 경영성과 연계 강화: 조직의 목표와 다양한 경영시스템이 하나의 방향성을 향해 작동

특히 ISO 37301은 규범준수 전반을 통제하는 역할을 하며, 타 시스템의 준수 기반(integrity framework) 역할을 하게 된다. 예를 들어 환경 리스크를 관리하는 ISO 14001과 정보보호 리스크를 관리하는 ISO 27001이 각각 기술적·운영적 조치를 다룬다면, ISO 37301은 이 모든 활동이 법규 및 윤리 기준에 부합하는지 감독하는 메커니즘이 된다.

(5) ISO 37301 중심 통합 운영 사례

많은 글로벌 기업들은 ISO 37301을 도입하면서 기존의 품질·환경·안전·부패 방지 시스템을 하나의 체계로 통합하고 있다. 대표적인 적용 방식은 다음과 같다.

∨ 경영 방침 통합: 모든 ISO 시스템의 상위 방침을 '윤리·책임·규범준수'를 중심으로 통합 선언
∨ 공통 절차서 개발: 리스크 평가, 내부 심사, 교육 훈련 등 항목을 표

준 구분 없이 공통 설계
∨ 경영 검토 통합 운영: 여러 시스템의 성과지표(KPI)를 한 번의 검토 회의로 종합 분석

이처럼 HLS 구조는 ISO 37301이 경영의 중심축 역할을 수행할 수 있도록 구조적 기반을 제공하며, 전체 조직의 규범준수 수준을 한 단계 끌어올릴 수 있도록 돕는다.

요약하자면, HLS는 ISO 표준 간 통합을 위한 공통 언어이며, ISO 37301은 이 구조를 바탕으로 규범준수를 모든 경영활동과 연계시키는 시스템이다. ISO 37301을 HLS 기반으로 설계된 다른 시스템과 함께 운영하면, 조직은 중복과 비효율을 최소화하면서도 책임성과 신뢰를 극대화하는 통합 경영 체계를 갖출 수 있다.

3. 규범준수 문화(Compliance Culture)의 중요성

규범준수(Compliance)는 단지 법과 제도를 지키는 기술적·절차적 시스템에 그치지 않는다. 그것이 조직 안에서 실제로 작동하려면 구성원 모두가 규범의 가치를 공감하고, 자발적으로 실천하려는 분위기가 전제되어야 한다. 이러한 조직의 분위기와 행동 양식을 우리는 '규범준수 문화(Compliance Culture)'라고 부른다. ISO 37301은 이 문화를 단

순한 선택이 아닌 경영시스템의 핵심 기반 요소로 명확히 제시하고 있으며, 규범준수의 지속 가능성과 실효성을 좌우하는 결정적 요소로 간주한다.

(1) 규범준수 문화란 무엇인가?

규범준수 문화는 조직의 전 구성원이 법령, 윤리, 내부 정책 등을 존중하고 실천하는 공통된 신념과 행동 양식이다. 이는 규칙을 강제로 따르게 하는 통제 방식이 아니라, "이것이 옳은 일이며, 우리는 그렇게 행동한다"는 자율적이고 공유된 가치관에서 비롯된다. 즉, 규범준수 문화는 외부의 감시보다 내부의 동기와 책임의식에 의존하는 성숙한 조직 문화를 의미한다.

이러한 문화는 명확한 정책 문서, 책임자의 존재, 교육 프로그램, 징계 제도만으로는 형성되지 않는다. 리더십의 태도, 동료 간의 피드백, 의사 결정 과정에서의 윤리적 고려, 규범을 지켰을 때의 인정과 보상 체계 등이 유기적으로 작용해야 실질적인 문화로 자리 잡을 수 있다.

(2) ISO 37301에서의 문화의 위치

ISO 37301은 규범준수 문화를 조직의 규범준수 경영시스템 전반에 걸쳐 뿌리내려야 할 핵심 가치로 명시하고 있다. 특히 다음과 같은 조항에서 문화의 중요성을 구체적으로 다룬다.

4.4 경영시스템의 설계: 규범준수는 조직의 문화와 일상 업무, 의사결정에 통합되어야 한다고 명시

5.1 리더십과 의지표명: 최고경영진이 규범준수 문화 조성을 주도해야 하며, 말뿐 아닌 행동으로 보여야 함

7.3 인식: 전 직원이 조직의 기대 행동과 그 이유를 이해하도록 인식 제고 활동 수행

10.1 지속적 개선: 문화는 정체되는 것이 아니라, 피드백과 경험을 통해 지속적으로 진화해야 함

결국 ISO 37301은 규범준수 문화를 시스템이 뒷받침하고, 시스템은 문화를 기반으로 작동해야 한다는 상호작용 관계를 강조한다.

(3) 왜 문화가 중요한가?

규범준수 경영시스템은 아무리 정교하게 설계되었더라도, 조직 문화가 이를 뒷받침하지 않으면 실효성을 얻기 어렵다. 다음은 문화가 중요한 이유를 설명하는 핵심 요소들이다.

∨ 사각지대에서의 판단 기준 제공
  조직의 정책이 명시적으로 다루지 않는 상황에서도, 구성원은 "무엇이 조직의 가치에 부합하는가?"를 기준으로 행동할 수 있다.
∨ 위험 신호에 대한 민감성 강화

건강한 문화는 작은 위반이나 이상 징후에도 조기에 반응하게 만든다. 반대로 규범이 무시되는 문화에서는 문제는 숨겨지고, 리스크는 증폭된다.

∨ 내부 고발 및 자기 정정 활성화
비난보다는 개선의 기회로 접근하는 문화는 제보와 자기고백을 촉진시켜, 조직의 학습 능력을 높인다.

∨ 외부 이해관계자와의 신뢰 형성
문화는 보고서나 인증서가 아닌 실제 조직의 행동에서 드러난다. 윤리적 문화는 사회적 신뢰자산이 된다.

(4) 규범준수 문화 형성을 위한 실천 전략

규범준수 문화를 내재화하기 위해서는 시스템적 요소뿐 아니라 사람 중심의 접근 방식이 병행되어야 한다. 실무적으로 다음과 같은 전략이 중요하다.

∨ 리더의 일관된 행동
규범준수 방침을 선언하는 것만으로는 부족하다. 리더 스스로가 규범을 지키고, 위반을 묵인하지 않으며, 관련 활동에 적극적으로 참여해야 한다.

∨ 의사 결정 과정에서의 윤리 검토
중요한 사업 결정이나 거래 검토 시 규범 리스크를 반드시 고려하도록 절차화해야 한다.
- ∨ 규범을 지키는 행동에 대한 인정과 보상

  규범준수를 실천한 직원에게 공식적인 인정, 인사 고과 반영, 포상 등을 제공함으로써 긍정적 행동을 강화한다.
- ∨ 비형식적 커뮤니케이션 활성화

  직원 간 열린 대화, 워크숍, 리더십 브리핑 등을 통해 '규범이 조직에 왜 중요한가'에 대한 공감대를 지속적으로 형성해야 한다.
- ∨ 조직 전반의 정기적 문화 진단

  구성원의 인식 조사, 인터뷰, 내부 감사 결과 등을 통해 문화의 현 주소를 파악하고, 개선 방향을 설정한다.

결론적으로 규범준수 문화는 규정과 절차만으로는 형성되지 않는다. 그것은 조직의 리더십, 인식, 행동, 의사 결정 전반에 걸쳐 삶처럼 살아 움직이는 가치체계이다. ISO 37301은 이러한 문화를 기술적 시스템의 부속물이 아닌, 시스템 전반을 작동시키는 동력으로 인식하고 있다. 조직이 진정으로 규범준수 문화를 정착시킬 수 있다면, 이는 단순한 법 준수 그 이상의 경쟁력이 될 것이다.

─────── 제4장 ───────

ISO 37301 조항별 심층 해설

1. 조직의 상황과 리스크 기반 접근

ISO 37301 규범준수 경영시스템의 출발점은 조직의 환경을 정확히 인식하고, 그에 맞는 규범 리스크를 체계적으로 식별·평가하는 것이다. 이를 위해 표준은 4장의 '조직의 상황(Context of the Organization)'과 6장의 '기획(Planning)'에서 리스크 기반 접근(Risk-based Approach)을 경영시스템의 설계 원칙으로 명확히 제시하고 있다. 이는 단순히 법률을 열거하거나 일괄 적용하는 방식이 아니라, 조직의 특성과 위험 요인에 맞춘 맞춤형 규범준수 시스템을 수립하도록 유도하는 핵심 철학이라 할 수 있다.

(1) 조직의 상황(Context)의 이해

ISO 37301은 조직이 경영시스템을 설계하기 전, 다음과 같은 항목들을 고려하여 '자신의 상황'을 명확히 파악할 것을 요구한다.

∨ 내부 이슈: 조직 구조, 운영 방식, 내부 정책, 기업 문화, 자원, 기존의 규범준수 노력 등
∨ 외부 이슈: 법적·규제적 환경, 업계 관행, 시장 및 정치 상황 등
∨ 이해관계자 요구: 정부, 고객, 투자자, 지역사회, 직원 등 다양한 외부/내부 이해당사자의 기대

이러한 상황 분석은 단순히 '현황 파악'에 그치지 않고, 이후의 모든 경영시스템 활동(방침 수립, 리스크 평가, 내부 심사, 개선 조치 등)의 기준이 되는 매우 중요한 기반이다. 특히 컴플라이언스는 기업이 속한 산업, 국가, 규모, 문화에 따라 적용되는 법률과 윤리 기준이 달라지므로, 자신의 고유한 상황을 고려한 시스템 설계가 필수적이다.

(2) 리스크 기반 접근(Risk-based Approach)의 원칙

ISO 37301은 리스크 기반 사고를 단지 '리스크 평가 기법'으로만 보지 않는다. 이 표준에서의 리스크 기반 접근은 조직이 전략, 운영, 의사 결정 전반에서 규범 리스크를 인식하고, 그에 따라 우선순위를 설정하고 자원을 배분하는 사고방식이다. 즉, '무엇이 가장 중요한 리스크인가?', '어디에 자원을 집중해야 하는가?'를 판단하기 위한 핵심 기준이다.

이때 말하는 규범 리스크(Compliance Risk)는 법령, 규제, 계약 조건,

자발적 기준 또는 조직 자체의 행동강령 등 준수해야 할 규범을 위반할 가능성과 그로 인한 영향까지 포함한다. 예를 들어:

∨ 금융업: 자금세탁, 고객정보 보호, 내부자 거래 등
∨ 제조업: 환경 규제 위반, 안전기준 미준수, 하청업체 노동권 침해 등
∨ 공공기관: 회계 부정, 입찰 담합, 이해 상충 등

리스크는 그 발생 가능성과 결과의 심각도를 고려하여 평가되며, ISO 31000(리스크 관리)이나 COSO ERM 프레임워크 등을 활용하여 체계화할 수 있다.

(3) 리스크 기반 경영시스템의 구성 방식

조직이 리스크 기반 접근을 통해 규범준수 경영시스템을 설계할 때에는 다음과 같은 흐름이 일반적이다.

① 규범 준수 의무 목록화(Compliance Obligations)
   - 적용 법령, 산업 규정, 계약상 의무, 윤리강령 등 식별
② 리스크 매핑 및 평가(Risk Mapping & Assessment)
   - 각 준수 의무에 대한 위반 가능성 및 영향도 분석
   - 리스크 매트릭스를 통해 우선순위 시각화
③ 통제활동 설계(Control Activities)

- 고위험 항목에 대해 명확한 내부 통제 절차 수립
- 책임자 지정, 승인 절차, 이중 검토, 모니터링 체계 포함

④ 지속적 모니터링 및 개선(Cycle Management)
- 리스크 환경의 변화에 따라 시스템 지속 업데이트
- 내부심사와 경영검토를 통한 검증 및 개선 활동

이러한 접근은 모든 항목을 동일하게 관리하지 않고, 가장 중요한 규범 리스크에 집중하는 전략적 경영시스템을 가능하게 한다.

(4) 실무적 시사점과 ISO 37301의 장점

리스크 기반 접근을 적용하면 조직은 다음과 같은 실질적 이점을 얻을 수 있다.

∨ 자원의 효율적 배분: 무분별한 전사적 대응이 아닌, 핵심 규범 리스크에 집중 가능
∨ 내부 통제 실효성 강화: 문서화된 절차와 통제가 실제 리스크를 반영하도록 설계
∨ 이해관계자 신뢰 확보: 위험 중심의 대응은 투명성과 책임성을 높이며, 외부 평가에 효과적
∨ 비정형 위협에 대한 민감성 확보: 기존의 체크리스트로 대응하기 어려운 새로운 이슈(예: ESG, AI 윤리 등)에 대해 유연하게 대응

ISO 37301은 이러한 리스크 기반 사고를 경영 전반에 내재화하도록 설계되어 있으며, 단순한 '규정 준수'가 아니라 조직의 생존 전략과 연결된 규범준수 시스템을 구축할 수 있도록 돕는다.

요약하면, 조직의 상황을 정확히 파악하고, 그에 기반하여 리스크 중심의 규범준수 시스템을 설계하는 것은 ISO 37301의 핵심적 철학이자, 실무적 강점이다. 이는 컴플라이언스를 사후적 점검이 아닌 선제적 경영 도구로 전환하는 핵심 열쇠이며, 오늘날처럼 복잡한 규제 환경과 빠르게 변화하는 리스크 환경 속에서 가장 합리적인 접근이라 할 수 있다.

2. 리더십과 거버넌스

규범준수 경영시스템(Compliance Management System)은 단순한 관리 기능이 아니라, 조직의 가치관과 경영 철학을 반영한 전략적 시스템이다. 그 중심에는 바로 리더십(Leadership)과 거버넌스(Governance)가 존재한다. ISO 37301은 이를 가장 중요한 핵심 구성 요소로 강조하며, 조직의 최고경영진이 규범준수 문화 정착을 주도해야 함을 명확히 요구한다.

(1) 리더십의 핵심 역할

ISO 37301 제5장(리더십)은 다음과 같은 리더십의 책임과 실천을 명시하고 있다.

- ∨ 규범준수 문화 조성: 최고경영진은 규범준수가 조직의 핵심 가치라는 점을 분명히 하고, 모든 활동에 일관되게 반영해야 한다.
- ∨ 방침 수립 및 의지 표명: 규범준수 방침(Compliance Policy)을 공식화하고, 이를 조직 전체에 공유한다.
- ∨ 책임과 권한 부여: 규범준수 기능을 수행할 책임자(예: 컴플라이언스 책임자(Chief Compliance Officer, CCO))에게 충분한 권한과 자원을 부여해야 한다.
- ∨ 모범적 행동 실천("Tone at the Top"): 리더 스스로가 규범을 실천하는 모범을 보이며, 전 조직에 신호를 주는 역할을 수행한다.
- ∨ 보고 체계 확보 및 검토 참여: 규범준수 관련 이슈에 대한 보고를 받을 수 있는 구조를 마련하고, 정기적으로 시스템 운영 상태를 점검·개선한다.

이러한 리더십은 단순한 선언이 아니라 지속적 행동과 참여를 통해 구성원들에게 체화되어야 할 신뢰 기반의 실천이다.

(2) 거버넌스의 구조적 의미

거버넌스(Governance)는 조직의 의사 결정 구조, 책임 체계, 감독 기능을 포함하는 상위 개념으로, 규범준수 시스템이 효과적으로 작동할 수 있는 기반이다. ISO 37301은 규범준수가 단지 실행 부서의 책임이 아닌, 조직 전체의 구조적 책임임을 분명히 하며, 이를 다음과 같은 방식으로 요구한다.

- ∨ 규범준수 책임자(Compliance Function)의 독립성 보장: 컴플라이언스 조직은 경영진 또는 이사회에 직접 보고할 수 있는 위치에 있어야 하며, 영향력 있는 독립적 기능을 수행해야 한다.
- ∨ 3선 방어(Three Lines of Defense) 구조와 연계: 운영부서(1선), 컴플라이언스/리스크 관리 부서(2선), 내부감사(3선) 간의 역할과 책임이 명확히 구분되어야 한다.
- ∨ 이사회 또는 감사기구의 감독 기능: 조직의 최고 의사 결정기구는 규범준수 시스템의 효과성과 운영 실태를 정기적으로 감독하고 평가해야 한다.
- ∨ 윤리위원회, 리스크관리위원회 등 내부 기구의 활용: 주요 리스크 논의, 위반행위 대응, 교육 기획 등을 수행하는 자문 또는 의사 결정 기구의 설치가 권장된다.

이러한 거버넌스 체계는 규범준수 시스템이 단절 없이 조직 전반에 퍼져나가고, 실제 리스크를 통제할 수 있도록 설계되어야 한다.

(3) 실무 적용 시 고려 사항

현장에서 ISO 37301의 리더십 및 거버넌스 요구 사항을 효과적으로 구현하기 위해 다음과 같은 요소들이 중요하다.

- ∨ 리더의 참여 방식 구체

  단순한 방침 서명에 그치지 않고, 규범 관련 메시지 전달, 주요 회의 참석, 모범 행동 실천 등을 통해 '보이는 리더십'을 구현한다.

- ∨ 컴플라이언스 조직의 위상 정립

  컴플라이언스 부서가 단순한 법무 보조 또는 서류 관리 역할에 머무르지 않고, 실질적 의사 결정 파트너로 기능할 수 있도록 자원과 권한을 확보한다.

- ∨ 상향식 커뮤니케이션 경로 확보

  일선에서 발생하는 리스크 징후와 규범 위반 가능성이 경영진에게 왜곡 없이 전달될 수 있는 구조(예: 내부 고발 제도, 리스크 보고 체계 등)를 마련한다.

- ∨ 성과지표(KPI)와 연결

  리더십의 규범준수 실천 수준과 컴플라이언스 활동이 조직 성과 평가와 연동되도록 하여, 시스템적 동기를 부여한다.

- ∨ 거버넌스 체계의 문서화 및 정례화

  역할, 책임, 의사 결정 경로 등을 매뉴얼 및 조직 규정에 명확히 반영하고, 정기 회의체를 통해 운영 실효성을 확보한다.

(4) ISO 37301과 기타 표준과의 비교

리더십과 거버넌스는 ISO 9001(품질경영), ISO 14001(환경경영), ISO 37001(부패방지) 등 타 표준에서도 공통적으로 강조되는 요소이다. 그러나 ISO 37301은 '규범준수 문화의 정착'과 '컴플라이언스 책임자의 조직 내 영향력 확보'라는 측면에서 특히 강조점이 강하다. 이는 단순히 시스템 구축이 아니라, 조직 전반의 행동과 인식 변화를 유도하는 데 초점이 있기 때문이다.

요약하면, 리더십과 거버넌스는 규범준수 시스템의 '설계자'이자 '지속 추진자' 역할을 수행한다. ISO 37301은 이를 형식적 요건이 아닌 조직의 실질적 의사 결정과 행동을 규범 중심으로 이끄는 핵심 요소로 간주한다. 따라서 조직은 최고경영진의 의지와 구조적 지원을 바탕으로, 컴플라이언스 시스템이 단절 없이 작동하는 유기적 구조를 갖춰야 한다.

3. 기획(리스크 대응과 목표 설정)

ISO 37301 규범준수 경영시스템의 기획 단계는 단순한 문서 작성이나 형식적 절차 수립이 아니라, 조직이 실질적인 규범 리스크를 인식하고 이에 대한 전략적 대응 계획과 명확한 목표를 수립하는 매우 중요한 과정이다. 이는 단기적 위기 회피가 아닌, 중장기적으로 조직의 책임성과 신뢰를 높이기 위한 기반 작업이며, 경영 시스템 전반의 방향성과도 연결된다.

(1) 기획의 목적과 ISO 37301의 구조적 위치

ISO 37301 제6장 '기획(Planning)'은 조직이 내부 및 외부의 이슈, 이해관계자의 요구 사항, 규범준수 리스크 등을 분석한 뒤 이를 기반으로 적절한 조치와 목표를 체계적으로 설정할 것을 요구한다. 이는 앞서 제시된 조직의 상황(4장), 리더십(5장)에서 도출된 핵심 사항을 실제 실행 가능한 항목으로 구체화하는 연결고리 역할을 한다.

표준은 다음과 같은 항목들을 중심으로 기획 단계를 구성한다.

∨ 리스크 및 기회에 대한 대응 조치 계획 (6.1)
∨ 규범준수 목표 설정 및 달성 계획 (6.2)
∨ 규범 변경에 따른 계획 수립 (6.3)

(2) 리스크 및 기회 분석과 대응

가장 먼저 조직은 규범준수에 영향을 미치는 리스크와 기회(Risks and Opportunities)를 식별하고, 이에 적절히 대응해야 한다. 이때 '리스크'는 규범을 위반할 가능성과 그에 따른 손실을 의미하며, '기회'는 규범준수를 통해 신뢰 확보, 시장 진입, 평판 제고 등의 이점을 창출할 수 있는 가능성을 포함한다.

예를 들어, 다음과 같은 규범 리스크가 있을 수 있다.

∨ 공정거래법 위반 위험(예: 담합, 내부 정보 유출)
∨ 뇌물 수수 또는 제3자 거래에서의 부패 위험
∨ 개인정보보호법 미준수에 따른 과징금 리스크
∨ 해외법인에서의 해외 반부패법(FCPA, UKBA 등) 위반 위험

이러한 리스크는 산업, 지역, 사업 규모에 따라 다르게 나타나므로, 조직은 자사의 상황에 맞는 리스크 식별 매트릭스를 활용해야 한다. 리스크 분석 결과는 이후 내부 통제 설계, 교육 기획, 모니터링 계획 수립 등 전반적인 실행 전략에 반영된다.

(3) 규범준수 목표 설정

리스크를 파악하고 대응 계획을 세웠다면, 다음 단계는 명확하고 측정 가능한 규범준수 목표(compliance objectives)를 수립하는 것이다. 이 목표는 조직의 전략적 방향성과 부합해야 하며, 다음과 같은 요건을 충족해야 한다.

∨ 구체성(Specific): "내부 교육 확대"보다는 "연 2회 이상 전직원 대상 컴플라이언스 교육 시행"과 같이 명확한 표현
∨ 측정 가능성(Measurable): 목표 달성 여부를 평가할 수 있는 수치나 지표 포함
∨ 달성 가능성(Achievable): 조직의 자원과 역량 수준에서 실현 가능

한 범위 설정
∨ 관련성(Relevant): 조직의 리스크와 이해관계자의 요구 사항과의 직접적 연계
∨ 기한(Time-bound): 달성 시점을 명확히 설정(예: 연간, 분기별 등)

예시:
∨ 2025년까지 협력업체 대상 부패 방지 실사 100% 완료
∨ 내년까지 내부 규정 위반 보고 시스템 이용률 80% 달성
∨ 전사 윤리교육 이수율을 연간 95% 이상 유지

이러한 목표는 단지 성과지표(KPI)의 역할만이 아니라, 규범준수 시스템의 방향성과 우선순위를 내부에 명확히 전달하는 기능을 한다.

(4) 기획과 실행의 연결 - 문서화와 운영 계획 수립

ISO 37301은 기획 내용을 단지 선언에 그치지 않고 문서화된 정보로 정리하고, 책임자, 일정, 자원, 평가방법 등을 포함한 실행 계획으로 구체화할 것을 요구한다. 이를 통해 규범준수 활동이 조직 내에서 일관성 있게 운영될 수 있도록 한다.

또한 이러한 계획은 이해관계자의 요구에 따라 외부 보고서(예: 지속가능경영보고서, ESG 공시 등)나 인증 심사에서도 객관적인 증빙 자료로 활용된다.

(5) 실무 적용 시 고려 사항

기획 단계는 시스템의 기초 설계이자 실행의 나침반이다. 실무 적용 시 다음과 같은 사항을 유의해야 한다.

∨ 리스크 분석과 목표 설정 간의 연결성 확보
  → 단순히 형식적 목표를 세우기보다는, 실제 분석된 리스크와 대응 전략에서 목표가 유기적으로 도출되어야 한다.
∨ 조직 전 부서의 참여 유도
  → 리스크는 한 부서의 문제가 아니며, 목표 설정 역시 전사적 공감대를 바탕으로 해야 한다.
∨ 중장기 전략과의 정렬
  → 규범준수 목표가 ESG 전략, 경영 목표, IR 전략 등과 정합성을 갖도록 설계해야 함
∨ 지속적 평가와 조정 가능성 확보
  → 리스크 환경은 변하므로, 목표도 필요에 따라 조정할 수 있어야 한다. 이를 위한 검토 주기 및 내부심사 체계를 함께 설계해야 한다.

결론적으로 ISO 37301에서의 '기획'은 단지 규정 정비나 선언적 방침 수립이 아닌, 리스크에 기반한 전략적 목표 설정과 실천 계획 수립 과정이다. 이는 규범준수를 조직의 문화와 운영 전반에 통합하는 중요한

연결 지점이며, 그 성패에 따라 전체 시스템의 실효성이 결정된다. 따라서 조직은 이 단계에서 리스크를 냉정히 바라보고, 그에 맞는 우선순위와 실행 로드맵을 수립하는 역량을 갖추어야 한다.

4. 운영(통제 절차, 실사, 교육, 문서 관리)

ISO 37301 규범준수 경영시스템에서 '운영(Operation)'은 조직이 수립한 방침과 기획을 실제로 실행에 옮기는 단계이다. 이 장은 경영시스템의 실질적인 작동 여부를 판가름하는 중추적인 역할을 하며, 단지 정책이나 선언이 아니라 현장에서 위험을 식별하고 대응하며 문서로 입증할 수 있는 체계를 마련하는 것이 핵심이다. ISO 37301 제7장과 제8장은 이러한 운영의 핵심 요소로 통제 절차, 실사, 교육, 문서 관리를 포함하고 있다.

(1) 통제 절차(Control Procedures)의 실효성

운영의 첫 단계는 조직이 식별한 규범 리스크에 대한 실질적인 통제 절차를 수립하고 운영하는 것이다. 통제 절차란, 규범 위반을 사전에 예방하고 발생 가능성을 줄이기 위해 마련된 구체적인 업무 프로세스, 책임 체계, 승인 절차 등을 의미한다.

예를 들어:

- ∨ 고위험 거래(예: 고액 계약, 대리점 위탁 등)에 대한 이중 승인 제도
- ∨ 자금 지출 시 부패 리스크 평가 체크리스트 운영
- ∨ 특정 국가·산업 대상 영업 활동에 대한 사전 심의 절차
- ∨ 인사, 계약, 구매 등 분야별 행위 기준(Code of Conduct)과 행동 절차 설정

이러한 통제는 반드시 문서화되어야 하며, 누구나 이해하고 실행할 수 있도록 명확하게 정의되어야 한다. 통제가 존재하되 실행되지 않거나, 직원이 이해하지 못하면 실효성을 확보할 수 없다.

(2) 실사(Due Diligence)의 내재화

ISO 37301은 실사를 단순한 사전 점검이 아닌, 규범 리스크 대응을 위한 핵심 통제 수단으로 본다. 실사는 다음의 대상에 대해 수행할 수 있다.

- ∨ 신규 거래처 또는 협력업체 선정 시
- ∨ 인수합병(M&A) 대상 기업에 대한 평가
- ∨ 임직원 또는 대리인의 채용 또는 계약 체결 전
- ∨ 해외 영업 대리점, 컨설팅 계약 등 간접 거래 채널

이때 실사는 위험 기반으로 설계되어야 하며, 고위험 활동에는 더 정

교하고 다단계의 실사 절차가 요구된다. 예를 들어, 제3자 부패 방지 실사의 경우 ▲조직 배경 조회 ▲소유 구조 파악 ▲부패 관련 전력 조회 ▲리스크 평가 등 단계별 체크가 필요하다.

또한 실사의 결과는 반드시 문서로 보관되어야 하며, 그에 따라 어떤 결정이 내려졌는지도 추적 가능해야 한다.

(3) 교육 및 훈련(Training and Awareness)의 내재화

규범준수 시스템이 성공적으로 작동하려면 구성원들이 규범의 의미와 요구 사항을 정확히 이해하고, 자신의 역할에 맞게 행동할 수 있어야 한다. ISO 37301은 모든 구성원(신규 입사자 포함)이 규범준수 방침, 관련 법률, 위반 시 결과 등에 대해 정기적으로 교육을 받아야 한다고 명시하고 있다.

교육은 다음과 같은 방식으로 진행될 수 있다.

∨ 연 1회 이상 정기 집합 교육 또는 온라인 이러닝
∨ 경영진 대상 고위급 전략형 교육 별도 편성
∨ 역할별 맞춤 교육(예: 영업 부서 대상 부패 방지 교육)
∨ 신규 입사자 교육에 컴플라이언스 항목 필수 포함
∨ 교육 결과에 대한 효과성 평가 및 이수 기록 관리

교육은 단순 정보 전달에 그치지 않고, 참여자들이 실제 상황에서 어떤 행동을 해야 할지를 연습할 수 있도록 설계해야 하며, 퀴즈, 사례 토론, 시나리오 기반 훈련 등도 효과적이다.

(4) 문서화된 정보의 관리(Documented Information)

ISO 37301은 모든 규범준수 활동이 적절히 기록되고, 관리되고, 검증 가능해야 한다는 원칙을 명시한다. 이는 시스템의 신뢰성을 보장하고, 외부 심사나 내부 점검 시 그 실효성을 입증하는 기반이 된다.

문서화된 정보에는 다음이 포함된다.

∨ 규범준수 방침, 절차서, 운영지침 등 공식 문서
∨ 실사 보고서, 교육 이력, 통제 체크리스트 등 실행 기록
∨ 위반 행위 보고 및 대응 조치 기록
∨ 내부심사, 경영검토, 외부 감사 등 결과 문서
∨ 법령 변화 대응 내역, 이해관계자 소통 기록 등

이러한 문서들은 반드시 최신 상태로 유지되어야 하며, 접근권한, 보안, 저장·폐기 정책도 명확히 설정되어야 한다. ISO 37301은 특히 '투명성'과 '증거 중심의 운영'을 강조하며, "한 번 했던 일은 반드시 기록으로 남겨야 한다"는 운영 원칙을 권장한다.

(5) 실무 적용 시 고려 사항

∨ 실제 업무 흐름에 맞는 통제 설계
→ 현실과 동떨어진 이상적 통제가 아닌, 업무 흐름 속에서 자연스럽게 실행될 수 있는 절차 설계가 중요하다.

∨ 업무별 통제 차별화
→ 고위험 분야(예: 대외 계약, 해외 거래)에는 강화된 통제 필요, 저위험 분야에는 최소한의 실무 지원 중심

∨ 지속적인 교육 시스템 구축
→ 단발성 교육이 아닌 연간 계획 수립, 리프레셔 과정 운영, 성과 연동 등으로 내재화 필요

∨ 문서 관리 시스템의 디지털화 고려
→ 파일 공유, 버전 관리, 접근권한 설정 등을 체계화한 디지털 기반 관리 체계로 전환하면 효율성과 보안 모두 확보 가능

요약하면, ISO 37301의 운영 단계는 '시스템이 실제로 작동하는가?'를 판단하는 핵심 구간이다. 통제, 실사, 교육, 문서 관리는 서로 분리된 요소가 아니라, 상호 연결되어 리스크에 선제적으로 대응하고 중빙 가능하게 만드는 실행 체계다. 조직은 이 단계에서 실제 운영력을 갖추지 않으면 아무리 좋은 방침과 기획이 있어도 규범준수 시스템의 실효성을 확보할 수 없다.

5. 성과 평가와 모니터링

규범준수 경영시스템이 효과적으로 작동하려면, 그 실행 결과가 제대로 측정되고 평가되어야 한다. 단순히 방침과 절차를 수립하고 운영하는 데 그치지 않고, 그 결과가 조직의 규범 리스크를 실질적으로 줄이고 있는지, 이해관계자의 기대에 부응하고 있는지를 지속적으로 점검하고 개선해야 한다. ISO 37301은 이러한 점검 체계를 '성과 평가 및 모니터링(Performance Evaluation & Monitoring)'이라는 항목으로 제시하며, 측정 가능성·근거 기반 운영·지속적 개선을 핵심 원칙으로 삼고 있다.

(1) 성과 평가의 목적

성과 평가는 조직이 운영 중인 규범준수 시스템이 목적에 맞게 설계·운영되고 있는지를 정량적·정성적 지표를 통해 분석하고, 그 결과를 바탕으로 개선하는 일련의 관리 과정이다. 이는 단지 '시스템이 존재하는가'가 아니라, '시스템이 실제 효과가 있는가'를 판단하는 중요한 기준이 된다.

ISO 37301은 특히 다음과 같은 질문에 답을 제시할 수 있도록 성과 평가 체계를 요구한다.

∨ 규범 리스크가 제대로 식별되고 대응되고 있는가?

∨ 규범준수 방침과 목표는 얼마나 달성되었는가?
∨ 교육, 실사, 통제 등 실행 활동이 계획대로 이뤄졌는가?
∨ 구성원은 규범준수에 대한 인식을 제대로 갖고 있는가?
∨ 규범 위반이나 부작용 사례가 감소하고 있는가?

(2) 모니터링 체계의 설계

모니터링(Monitoring)은 규범준수 시스템의 구성요소들이 계획대로 운영되고 있는지, 그리고 변화하는 환경에 맞춰 적절히 대응하고 있는지를 지속적으로 추적하는 활동이다. ISO 37301은 다음의 항목들을 모니터링 대상으로 제시하고 있다.

∨ 규범 리스크의 수준 및 대응 상태
∨ 법령 및 규제의 변화 대응 여부
∨ 교육·실사·내부 통제의 이행률
∨ 위반 행위 발생 건수 및 처리 현황
∨ 제보 채널 이용 현황 및 처리 적정성
∨ 내부심사 및 경영검토 결과

모니터링은 단지 내부 감사를 의미하지 않으며, 일상적인 운영 속에서 각 부서가 수행하는 지속적 자기 점검과 경영진의 상시 관찰까지 포함하는 개념이다. 특히 중대한 리스크나 반복적으로 발생하는 위반행위에 대해서는 심층 모니터링(Deep-Dive Review)을 병행해야 한다.

(3) 핵심성과지표(KPI) 설정

성과를 체계적으로 평가하기 위해서는 구체적인 성과지표(KPIs: Key Performance Indicators)가 필요하다. 이 지표들은 조직의 전략과 목표에 맞춰 설정되어야 하며, 가능한 한 수치화되고 비교 가능한 방식으로 설계되어야 한다.

예시 KPI:
∨ 연간 규범 위반 제보 건수 및 처리 기간
∨ 교육 이수율(예: 전 직원 95% 이상)
∨ 실사 대상 제3자 중 고위험 분류 비율 및 개선 완료율
∨ 내부심사 결과 중 부적합 항목 수 및 시정 조치율
∨ 경영진 보고 횟수 및 이행 평가 건수

성과지표는 운영의 결과를 수치로 표현함으로써 조직 내 관심을 유도하고, 책임성과 투명성을 확보하는 수단이 된다.

(4) 내부심사와 경영검토

ISO 37301은 성과 평가 체계의 일환으로, 내부심사(Internal Audit)와 경영검토(Management Review)를 필수 요소로 명시한다.

내부심사는 정기적으로 조직의 규범준수 시스템이 표준 요구 사항 및 자체 방침과 일치하는지 여부를 점검하고, 문제점을 식별하여 개선 방안을 제시하는 활동이다. 심사는 반드시 독립적으로 수행되어야 하며, 준비→실시→보고→후속조치 단계로 체계화되어야 한다.

경영검토는 최고경영진이 시스템 전반의 성과를 검토하고, 전략적 결정 사항(예: 목표 수정, 자원 재배분, 조직 개편 등)을 논의하는 절차이다. 보통 연 1회 이상 수행되며, 내부심사 결과, 모니터링 지표, 외부 감사 또는 제보 사항 등을 종합적으로 검토한다.

이 두 활동은 시스템이 지속적으로 적합하고 효과적인 상태를 유지하도록 하는 핵심 관리 수단이다.

(5) 실무 적용 시 고려 사항

∨ 성과지표의 현실성과 조정 가능성 확보
→ 처음부터 완벽한 KPI를 만들기보다는, 시범 운영을 통해 조직에 맞는 지표를 정교화할 수 있도록 유연하게 설계

∨ 심사와 평가의 객관성 유지
→ 내부 평가자의 독립성과 전문성을 확보하고, 평가 기준을 일관되게 적용

∨ 결과의 시각화와 공유
→ 대시보드, 그래프, 월간 리포트 등을 활용해 성과 결과를 쉽게 확인하고 공유할 수 있도록 설계

∨ 성과와 보상 연계 고려
　→ 규범준수 활동이 실적 평가, 승진, 인센티브 등에 연동될 수 있도록 제도적 설계 필요

결론적으로 ISO 37301의 성과 평가와 모니터링은 경영시스템의 '작동 여부'와 '개선 방향'을 식별하는 나침반과 같다. 이는 단지 결과를 평가하는 수단이 아니라, 시스템의 살아 있는 생명력을 유지하고, 구성원의 책임과 리더십을 실현하는 전략적 도구다. 지속적인 평가와 검토를 통해 규범준수 시스템은 단순한 방어 수단을 넘어, 조직의 신뢰와 지속가능성을 이끄는 핵심축으로 자리매김하게 된다.

6. 시정조치와 지속적 개선

ISO 37301 규범준수 경영시스템은 단순히 법을 지키는 도구가 아니라, 조직이 스스로 책임 있는 운영을 실현하고, 위험을 사전에 통제하며, 위반 발생 시 신속하고 효과적으로 대응할 수 있는 역동적인 시스템이다. 이를 가능하게 하는 마지막이자 가장 중요한 단계가 바로 '시정조치(Corrective Actions)'와 '지속적 개선(Continual Improvement)'이다.

(1) 시정조치(Corrective Action)의 개념

시정조치는 규범 위반, 시스템 부적합, 내부심사에서의 지적 사항, 외부 이해관계자의 문제 제기 등 '원하지 않는 상황'이 발생했을 때 그 원인을 제거하고 재발을 방지하기 위한 조치이다. 이는 단순한 문제 해결이 아니라, 시스템 전반을 진단하고 개선하는 기회로 활용되어야 한다.

ISO 37301 제10.1항에서는 다음과 같은 시정조치 절차를 요구하고 있다.

① 사건 발생 또는 시스템 이상 감지
② 원인 분석(Root Cause Analysis) 수행
③ 임시 조치와 근본적 해결책 도출
④ 시정조치 실행 계획 수립 및 담당 지정
⑤ 조치 결과 검증과 효과 평가
⑥ 유사 사건 재발 방지 위한 시스템 개선

이러한 절차는 시스템의 신뢰도를 유지하고, 조직 구성원에게 규범 위반에 대한 조직적 책임감을 심어 주는 계기가 된다.

(2) 효과적인 시정조치를 위한 핵심 요소

시정조치가 실효성을 갖기 위해서는 다음과 같은 요건이 충족되어야 한다.

∨ 객관적인 원인 분석 도구 활용: 5Whys, Fishbone Diagram(이시카와), FMEA 등 문제의 구조적 원인을 식별할 수 있는 분석 도구를 적극 활용

∨ 비난보다 해결 중심의 접근: 위반을 개인의 실수로만 치부하지 않고, 시스템·문화·절차 차원에서의 개선 방향을 찾는 태도가 중요

∨ 시정조치 실행력 확보: 실제 조치가 실행 가능한 수준으로 수립되고, 충분한 자원과 리더십의 지원이 뒷받침되어야 함

∨ 효과 검증 및 문서화: 조치 이후 결과를 추적하고, 해당 내용이 시스템 문서에 반영되어야 재발 방지 효과가 있음

(3) 지속적 개선(Continual Improvement)의 전략적 의미

지속적 개선은 단지 문제가 발생했을 때만이 아니라, 조직이 자율적으로 시스템을 고도화하고, 환경 변화에 따라 경영시스템을 유연하게 조정해 나가는 과정이다. 이는 ISO 37301의 기본 철학이며, 다음과 같은 방식으로 구현된다.

∨ 성과 평가 및 내부심사 결과를 반영한 개선 활동

∨ 이해관계자 요구, 법률 변경, 산업 동향에 따른 시스템 업데이트

∨ 교육, 커뮤니케이션, 정책 등 비(非)기술 영역의 개선 병행

∨ 기술의 발전(AI, 컴플라이언스 툴 등)을 통한 업무 효율화

∨ 조직 문화 수준에 따른 '규범 리더십 모델' 개선

지속적 개선은 조직의 리스크 내성(resilience)을 강화하고, 컴플라이언스 시스템을 형식적 틀에서 살아 있는 경영 도구로 전환시키는 핵심 수단이다.

(4) ISO 37301의 요구 사항과 연계 구조
표준 제10장은 다음과 같은 연계 구조로 구성되어 있다.

10.1 지속적 개선
→ 성과 평가, 피드백, 외부 환경 변화 등을 바탕으로 전반적 시스템 고도화 추진
10.2 시정조치
→ 문제 발생 → 원인 분석 → 조치 실행 → 효과 평가 → 시스템 반영

이러한 구조는 PDCA(Plan-Do-Check-Act) 사이클의 'Act' 단계를 명확히 실현하게 해 주며, ISO 9001, 14001, 37001 등 다른 경영시스템과도 통합 운영이 용이하다.

(5) 실무 적용 시 고려 사항
∨ 개선 사항 추적 시스템 마련
→ 시정조치 및 개선 활동을 등록·진행·완료 상태로 추적할 수 있는 시스템 구축(예: Excel 트래커, 전산 시스템 등)

∨ 전사 공유 및 학습 문화 조성
→ 특정 부서의 실패나 개선이 타 부서에도 공유되어 조직 전체의 학습자산으로 전환될 수 있도록 프로세스 설계

∨ 내부 보고 체계 통합
→ 제보, 점검, 감사, 위반 보고 등에서 발생한 데이터를 통합 분석해 개선 과제 도출에 활용

∨ 성과지표와 연계
→ 시정조치 완료율, 반복 위반 발생률 감소 등도 KPI로 설정해 관리 가능

요약하자면, 시정조치와 지속적 개선은 단순한 대응이 아닌, 조직을 성장시키는 전략적 활동이다. 규범준수 시스템이 진정으로 작동하고 있음을 입증하려면, 위반이 없음을 강조하기보다 위반 발생 시 어떻게 대응하고 개선해 나가는지를 보여 주는 것이 훨씬 더 신뢰를 준다.

ISO 37301은 이러한 점에서 시정조치와 지속적 개선을 단순한 '마무리 단계'가 아니라, 시스템 전반을 진화시키는 출발점으로 정의한다. 조직이 이를 실질적으로 실행에 옮긴다면, 규범준수는 부담이 아닌 경쟁력이 될 것이다.

제3부

CP등급평가 기준과의 연계

─────── 제5장 ───────

공정거래 자율준수 프로그램(CP)의 구조와 평가 기준

1. CP등급평가의 목적과 체계

CP등급평가(Compliance Program Rating System)는 우리나라 공정거래위원회가 주도하여 운영하는 제도로, 기업이 자발적으로 공정거래 자율준수프로그램(Compliance Program, CP)을 운영하고 있는지, 그 운영 실효성과 수준을 정량적이고 체계적으로 평가하는 제도이다. 이는 단순한 규정 준수를 넘어서, 기업이 공정거래 문화를 내재화하고 있는가를 종합적으로 측정하는 시스템이다.

(1) CP 제도 도입 배경과 목적

공정거래법 위반 행위는 종종 조직 내부에서의 관행, 교육 부족, 리스크 인식 부족 등 구조적 문제에서 비롯된다. 이에 따라 정부는 사후 규제 중심의 법 집행에서 벗어나, 기업 스스로 준법 문화를 정착시킬 수 있도록 유도하기 위한 자율규제 장치를 마련했다. 이 흐름 속에서 2001년 도입된 것이 바로 공정거래 자율준수프로그램(CP)이며, 2007년부터 등급평가 제도가 도입되어 운영 실태를 체계적으로 평가·관리하고 있다.

주요 목적은 다음과 같다.

∨ 기업의 공정거래 법규 준수 유도 및 자율규제 정착
∨ 준법문화의 수준을 객관적 지표로 평가하여 경영 개선 방향 제시
∨ 우수 기업에 대한 인센티브 제공을 통한 확산 효과 기대
∨ 궁극적으로는 공정한 시장 질서 확립과 기업 신뢰 제고에 기여

(2) CP등급평가의 평가 대상과 인센티브

CP등급평가는 대기업 집단 소속 기업, 공기업, 일정 규모 이상의 기업을 대상으로 매년 실시된다. 공정위는 자율적으로 평가를 신청한 기업 중 일정 기준을 충족하는 기업을 평가 대상으로 선정하고, 서류·가점·대면·현장 인터뷰 등을 통해 실효성을 점검한다.

평가 기준에 따라 산출된 점수를 기준으로 3등급(AAA, AA, A)으로 구분하여 CP 우수기업으로 지정하며, 해당 기업은 다음과 같은 인센티브를 받을 수 있다.

∨ 공정위 조사 시 감경 고려

∨ 우수기업(기관) 평가중 수여
∨ 대외 홍보 및 신뢰도 제고에 활용 가능
∨ 내부 시스템 강화 및 경영진 관심 제고 효과

(3) 평가 항목과 구조

2024년 기준 CP등급평가는 다음과 같은 7개 핵심 항목을 중심으로 구성되어 있다.

∨ 최고경영자의 의지 및 지원
  - CEO의 메시지, 내부 커뮤니케이션
∨ 자율준수관리자의 지정 및 운영
  - 최고경영진 직속으로 임명되었는가, 실질적 권한과 역할을 수행하는가, 충분한 예산과 인력을 지원받는가
∨ 자율준수 편람의 제작 및 활용
  - 내부 규정 정비와 구성원 이해를 위한 매뉴얼이 마련되어 있는가
∨ 자율준수 교육 실시
  - 전 직원 대상의 정기적 교육 실시, 이수율 및 교육의 질
∨ 자율준수 점검
  - CP 운영 실태에 대한 정기적인 점검
∨ 자율준수 위반행위에 대한 제재와 인센티브
  - 위반자에 대한 징계 및 준수자에 대한 보상 구조

ⅴ 프로그램 효과성 평가 및 개선
 - 프로그램 운영 실적에 대한 지속적 개선 수준

이러한 항목은 각각의 개별 점수 및 가중치가 부여된 세부 평가 지표로 구성되어 있으며, 실사 과정에서 문서 확인, 인터뷰, 내부 자료 분석 등을 통해 종합적으로 평가된다.

(4) ISO 37301과의 연계성

CP등급평가와 ISO 37301 규범준수 경영시스템은 목적과 구성요소에서 높은 유사성을 가진다. 특히 다음과 같은 점에서 상호보완적이다.

항목	CP등급평가	ISO 37301
최고경영진의 의지	CEO 의지, 메시지, 참여	리더십(5장), 방침 수립, 톤 앳 더 탑(Tone at the Top) 강조
책임자 임명 및 역할	자율준수 관리자 임명, 역할 수행	규범준수 책임자(CO)의 권한과 독립성 명시
교육 및 커뮤니케이션	정기적 교육, 편람 배포, 인식 제고	7.3 인식, 7.4 커뮤니케이션 조항 포함
점검 및 시정조치	내부 점검 및 위반 시 징계 체계	내부심사(9장), 시정조치 및 개선(10장)
시스템 문서화 및 기록관리	운영 자료 보관, 실적 보고 등	문서화된 정보의 유지 및 검증 요구

이러한 구조적 유사성은 CP 운영 기업이 ISO 37301을 도입하거나,

반대로 ISO 37301 인증 기업이 CP등급평가에 참여할 때 상호 호환성과 시너지를 기대할 수 있음을 보여 준다.

(5) 실무 시사점과 제도 운영 방향

CP등급평가는 단순히 공정위 평가를 위한 준비 작업에 그치지 않고, 다음과 같은 실질적 가치를 제공한다.

- ∨ 기업 내부 규범준수 시스템을 점검하고 외부 시각에서 보완점을 찾을 수 있는 기회
- ∨ 경영진의 관심과 참여를 유도하여 규범 리더십 정착
- ∨ 평가 결과를 ESG, 지속 가능경영보고서 등 외부 공시 자료로 활용 가능
- ∨ ISO 37301, ISO 37001 등 국제표준과 연계한 시스템 고도화 전략 수립 가능

CP등급평가는 국내에서 기업의 규범준수 역량을 객관적으로 진단하고, 자율적 개선을 유도하는 실질적 제도이다. 이 제도는 ISO 37301과 철학과 구조를 공유하며, 두 제도를 연계할 경우 기업은 국내·국제 컴플라이언스 평가 모두에 대응할 수 있는 전략적 기반을 확보할 수 있다.

2. 2024년 CP 세부측정지표 항목 해설

공정거래위원회의 공정거래 자율준수프로그램(Compliance Program, CP) 등급평가는 기업의 공정거래 자율준수 노력을 체계적으로 평가하는 제도이다. 2024년에는 평가 지표와 방식에 일부 변화가 있었다. 이러한 변화를 이해하고 효과적으로 대응하기 위해서는 세부 측정 지표에 대한 정확한 해석이 필요하다.

(1) 2024년 CP등급평가 지표 변화 개요

2024년부터 CP등급평가의 평가 지표가 일부 조정되었다. 대기업 평가 기준으로 기존 7개 평가 항목, 22개 평가 지표, 66개 세부 측정 지표에서 7개 평가 항목, 20개 평가 지표, 48개 세부 측정 지표로 변경되었다. 이는 일부 지표의 통합과 삭제로 인한 것으로, 기업들은 변경된 지표에 맞춰 준비해야 한다.

(2) 주요 평가 항목과 세부 측정 지표 해설

평가 지표는 다음과 같은 주요 항목으로 구성되어 있다.

∨ 최고경영자의 의지 및 지원
  세부 측정 지표: 최고경영자의 CP에 대한 관심도, 지원 활동, 메시지 전달 등을 평가한다.

∨ 자율준수관리자의 지정 및 운영

　세부 측정 지표: 자율준수관리자의 독립성, 권한, 역할 수행의 적절성 등을 평가한다.

∨ 자율준수편람의 제작 및 활용

　세부 측정 지표: 편람의 내용 충실도, 최신성 유지, 전 직원에 대한 배포 여부 등을 확인한다.

∨ 자율준수 교육 실시

　세부 측정 지표: 정기적인 교육 실시 여부, 교육 내용의 적절성, 참여율 등을 평가한다.

∨ 자율준수 점검

　세부 측정 지표: 내부 점검 체계의 수립, 위반 사항에 대한 조사 및 처리 절차의 적절성 등을 검토한다.

∨ 자율준수 위반행위에 대한 제재와 인센티브

　세부 측정 지표: 위반 행위에 대한 제재 기준의 명확성, 일관성 있는 적용 여부 등을 확인한다.

∨ 프로그램 효과성 평가 및 개선

　세부 측정 지표: CP 운영에 대한 효과성 평가 및 감사 실시, 시정 조치 여부 등을 확인한다.

(3) 2025년 CP운영 고시 개정 사항

2025년부터 CP 운영 고시의 주요 개정 사항으로는 다음과 같다.

∨ 점수 감점제

    등급 조정 폐지, 점수 감점제(조치 건별로 5점 감점)로 개선

∨ 등급보류·미부여 폐지

    심사보고서 상정 등에 따른 등급보류·미부여 폐지

∨ 가점 신설

    협약이행평가 우수기업에 대한 가점(최우수 1.5, 우수 1)

∨ 가점 기준 조정

    분쟁조정 접수 및 처리 실적 구분 등을 통해 평가

    분쟁조정기구 설치 시(0.4), 접수 시(0.2), 처리실적 발생 시(0.4)

(4) 평가 절차의 변화

기존의 서류평가, 현장평가, 심층면접 순서에서 2025년부터는 서류평가 후 대면평가로 절차가 변경되었다. 대면평가에서 80점 이상의 점수를 받은 기업에 한해 현장평가가 진행된다. 이는 평가 절차의 효율성을 높이기 위한 조치로, 기업들은 대면평가 준비에 집중할 필요가 있다.

(5) 실무적 대응 방안

∨ 가점 항목 대비: 협약이행평가 우수기업 등 새로운 가점 항목에 대한 준비를 통해 추가 점수를 확보할 수 있다.

∨ 대면평가 대비: 서류평가 이후 진행되는 대면평가에서 CP 운영의 실효성을 효과적으로 어필할 수 있도록 관련 자료와 사례를 준비

해야 한다.

이러한 변화를 정확히 이해하고 대비함으로써, 기업은 CP등급평가에서 우수한 성과를 달성할 수 있을 것이다.

3. ISO 37301 요구 사항과의 정합성 비교

공정거래위원회의 자율준수프로그램(CP) 등급평가는 기업의 공정거래법 준수 체계를 체계적으로 평가하는 제도이며, ISO 37301은 전사적 규범준수 경영시스템을 위한 국제표준이다. 이 둘은 적용 범위, 평가 항목, 목적 면에서 차이가 있음에도 불구하고, 핵심 요소와 운영 철학에서 매우 높은 정합성을 보인다. 특히 CP등급 우수 기업으로 인정받기 위한 실무 기반과 ISO 37301 인증 취득을 위한 시스템 구축이 상호보완적으로 설계될 수 있다.

(1) 목적과 평가/요구 대상 비교

항목	CP등급평가	ISO 37301
주관 기관	공정거래위원회	국제표준화기구(ISO)
적용 범위	공정거래법 중심의 자율준수 체계	전사적 규범(법, 윤리, 자율기준 등) 준수 경영시스템

목적	기업의 자율준수 수준 정량 평가 및 인센티브 제공	규범준수 시스템의 수립, 실행, 유지, 지속적 개선
운영 형태	실사·면접 기반 외부 평가	요구 사항 기반 자가운영 + 외부 인증 가능

즉, CP등급은 공정거래 분야 중심의 평가 체계이며, ISO 37301은 이를 포함하는 보다 확장된 프레임워크라 볼 수 있다.

(2) 세부 항목별 구조 정합성 비교

아래는 2024년 CP등급 세부측정지표(7개 항목)와 ISO 37301 요구 사항(10개 조항)의 기능별 연계성을 정리한 표다.

CP 평가 항목	세부 내용	ISO 37301 연계 조항	설명
최고경영자	메시지, 참여도, 의사 결정 반영	5.1(리더십), 5.2(방침)	톤 앳 더 탑(Tone at the Top), 리더십 중심 문화 강조
자율준수 관리자	설치 및 운영, 독립성, 권한	5.1, 5.3, 7.1	최고경영자의 방침하에 독립적 책임자의 권한과 자원 확보 요구
자율준수 편람	매뉴얼, 배포, 최신성	7.5(문서화된 정보)	규범 관련 문서의 제정, 관리, 공유 및 최신화 요구
자율준수 교육	교육 실시, 이수율, 대상 다양성	7.2(역량), 7.3(인식)	직원의 규범 이해 제고 및 역할 기반 교육 요구

제3부. CP등급평가 기준과의 연계

자율준수 점검	내부 점검 체계, 위반사항 조사	9.2(내부심사), 10.2(시정조치)	시스템 작동 여부에 대한 주기적 확인과 개선 절차
제재 및 인센티브	위반 시 조치, 준수자 보상	5.1(리더십과 의지표명)	리스크 완화, 문화 정착 위한 제도적 유인 구조
프로그램 효과성 평가 및 개선	프로그램 개선 사항	10.1(개선)	개선활동의 증빙

※ CP등급의 7개 핵심 항목은 모두 ISO 37301의 요구 사항 조항과 명확하게 대응되며, 그 실행 범위와 정합성은 매우 높음.

(3) 실무적 연계 방안

CP등급 우수 기업을 목표로 하는 기업은 다음과 같은 방식으로 ISO 37301 기반의 시스템을 활용할 수 있다.

∨ ISO 37301 도입을 CP 대응 체계의 상위 구조로 설계
  → 내부 규정, 절차, 교육, 점검, 보고 등 CP 요구 사항을 전사 규범 준수 시스템 안에 포함
∨ CP 평가에 필요한 문서 및 증빙 체계 구축
  → ISO 37301의 '문서화된 정보 관리'를 통해 세부 평가 항목별 증빙 자료 자동 생성
∨ CP등급평가 대비 리스크 기반 설계
  → ISO 37301의 리스크 기반 접근법을 적용하여 공정거래 중심의

리스크 평가 및 대응 계획 수립
　∨ 지속 개선 활동으로 고도화 가능
　　→ CP도 지속 개선을 요구하나 제도상 연례 평가에 초점이 있는 반면, ISO는 연속적 개선을 요구하므로 중장기 고도화 로드맵 수립에 적합
　∨ 인증 취득을 통한 대외 신뢰 확보
　　→ CP 평가 결과와 ISO 인증을 동시에 확보함으로써 ESG 공시, 공공입찰, 해외 바이어 신뢰도까지 확보 가능

4. CP 심사 시 주요 증빙 자료와 평가 포인트

공정거래 자율준수프로그램(CP) 등급평가는 기업의 준법경영 체계가 실질적으로 작동하고 있는지를 공정거래조정원이 평가하는 제도다. 이 제도는 단순한 서류 평가를 넘어, 현장 인터뷰, 운영성과 분석을 통해 실효성을 중점적으로 평가하며, 평가 시 문서화된 증빙 자료의 확보와 운영 실적에 대한 명확한 설명이 핵심이다.

(1) 평가 항목별 주요 증빙 자료

CP등급평가의 7개 항목별로 요구되는 주요 문서와 준비 포인트는 다음과 같다.

① 최고경영자의 의지 및 지원

∨ 핵심 평가 포인트

  - CEO의 직접 메시지, 회의 참석 여부

  - 정책 수립과 실행에 경영진이 관여하는가

∨ 주요 증빙 자료

  - CEO 명의 준법 방침 선언문 또는 동영상

  - CP 관련 사내 메일 또는 사보 기고문

  - 경영회의 회의록(준법 관련 안건 포함)

  - CEO의 교육 참석 내역 또는 대외 메시지 사례

② 자율준수관리자의 지정 및 운영

∨ 핵심 평가 포인트

  - 최고경영진 직속 조직인가

  - 실질적 권한과 독립성이 보장되는가

  - CP 관련 업무 수행 내역이 존재하는가

∨ 주요 증빙 자료

  - 임명장 또는 직무기술서

  - 조직도(자율준수관리자 직속 위치 명시)

  - 연간 활동 계획 및 수행 내역 보고서

  - 위원회 회의록, 조정·중재 사례

③ 자율준수 편람의 제작 및 활용

∨ 핵심 평가 포인트

- 편람에 관련 법령과 내부 지침이 체계적으로 반영되었는가
- 전사적 배포와 접근이 용이한가

∨ 주요 증빙 자료

- 최신 자율준수 편람 원본
- 개정 이력(버전 관리표)
- 사내 인트라넷 게시 화면 캡처
- 배포 목록 또는 공지 내역

④ 자율준수 교육 실시

∨ 핵심 평가 포인트

- 정기성, 대상자별 맞춤성, 참여율
- 교육 내용의 구체성과 실효성

∨ 주요 증빙 자료

- 연간 교육 계획서
- 교육 커리큘럼, PPT, 사례집
- 수료자 명단, 출석부 또는 시스템 이수 현황
- 사내 홍보 자료, 퀴즈 또는 테스트 결과

⑤ 자율준수 점검

∨ 핵심 평가 포인트

- 정기적 점검이 이루어지는가
- 사후 조치 및 시정 절차가 명확한가

∨ 주요 증빙 자료

- 내부 점검 계획 및 체크리스트

- 위반 사항에 대한 시정조치 이행 내역

- 모니터링 리포트 또는 시스템 캡처 화면

⑥ 자율준수 위반행위에 대한 제재 및 인센티브

∨ 핵심 평가 포인트

- 위반 시 일관된 징계 적용 여부

- 준수 행동에 대한 포상 또는 인정 제도 유무

∨ 주요 증빙 자료

- 징계 기준 및 절차 문서

- 실제 적용 사례(익명화 필요)

- 인센티브 제도 운영 내역(예: 상장, 포상 등)

- HR 평가 연계 항목 등 관련 규정

⑦ 프로그램 효과성 평가 및 개선

∨ 핵심 평가 포인트

- 효과성 평가 및 감사 기준이 문서화되어 있는가

- 효과성 평가 및 감사 결과에 대한 조치 사항이 문서화되어 있는가

- 전사적 공유 체계 및 보관 체계 존재 여부

∨ 주요 증빙 자료

- CP 운영 활동 기록(보고서, 회의록, 실적 정리 등)

- 감사 결과보고서

- 효과성 평가 결과보고서

- 시정조치 완료보고서

(2) 공통 평가 포인트: "문서+실행"의 정합성

단지 서류가 있는 것으로는 부족하다. 실제 운영되고 있다는 "이행 근거"가 명확하게 제시되어야 한다.

- ∨ 정기성 입증: 연간 일정표, 반복 이행 기록
- ∨ 내재화 확인: 구성원의 인식 조사 결과, 자발적 참여 사례
- ∨ 현장 감점 방지: 실무 담당자 인터뷰 대비, 질문 예상 리스트 준비
- ∨ (Plan)정책→(Do)실행→(Check)증빙→(Act)개선 흐름 일치: 규정 → 실행 내역 → 보고서 → 피드백 및 개선 순으로 증빙 연결 필요

(3) 심사단이 주목하는 비정형 요소

- ∨ 경영진 참여의 진정성: CEO가 직접 메시지를 보내거나 교육에 참석한 사례
- ∨ 실제 사례 중심 설명: 위반 발생 시 대응 과정, 개선 프로세스 등 생생한 운영 스토리
- ∨ 부서 간 협업 체계: HR, 전략, 법무, CSR 부서와의 협업 사례
- ∨ CP 시스템의 디지털화: 사내 전산 시스템을 통한 교육·보고·실사 관리 여부

(4) ISO 37301 기반 연계 효과

ISO 37301을 이미 도입했거나 기반 문서를 보유한 기업은 다음 항목에서 증빙 준비가 수월하다.

CP 항목	ISO 37301 대응 문서 예시
경영진 의지	최고경영자의 방침 선언, 회의 참석 기록
관리자 임명	조직도, 직무기술서, 책임자 권한 매뉴얼
편람 및 지침	규범준수 방침, 행동강령, 절차서
교육	교육 계획, 이수 관리 시스템 출력물
점검 및 감사	내부심사 보고서, 시정조치 트래커(Corrective Action Tracker)
제재·보상	시정조치 정책, 인사 연계 문서
프로그램 효과성 평가 및 개선	감사 결과보고서, 설문 결과보고서

CP등급 심사는 단순한 체크리스트 형식이 아니라, 실효성 중심의 종합 평가다. 이를 위해선 서류만이 아니라, 실제로 시스템이 작동되고 있다는 명확한 증빙 자료와 일관된 설명 체계가 요구된다.

특히 ISO 37301 기반의 규범준수 시스템을 갖춘 기업은 CP 평가에 필요한 자료를 자동적·체계적으로 준비할 수 있는 강점을 가진다. 이 둘을 연계하면 국내 공정거래 리스크와 글로벌 규범준수 리스크에 동시에 대응 가능한 스마트한 컴플라이언스 전략이 완성된다.

제4부

ISO 37301 인증심사 실무

― 제6장 ―
인증심사 절차와 심사원 역할

1. 인증제도의 구조

ISO 37301과 같은 경영시스템 표준은 단순히 내부 자율 운용을 위한 지침서가 아니라, 제3자 인증을 통해 외부의 신뢰를 확보할 수 있는 공신력 있는 시스템이다. 이를 위해 국제적으로 통일된 인증제도 구조가 마련되어 있으며, 인증기관, 인정기관, 국제기구 등이 다층적으로 참여하여 시스템의 객관성과 일관성, 국제 통용성을 보장한다.

(1) 인증이란 무엇인가?

인증(Certification)이란 특정 조직이 ISO 37301과 같은 국제표준의 요구 사항을 충족하는 규범준수 경영시스템을 구축·운영하고 있음을 제3자가 평가하여 공식적으로 인정하는 절차이다. 이때 '제3자'란 조직 내부나 고객이 아닌, 독립적이고 공정한 외부 평가 기관을 의미한다.

인증을 받는다는 것은 다음과 같은 의미를 가진다.

∨ 조직이 체계적이고 문서화된 방식으로 규범준수 리스크를 관리하고 있음을 입증
∨ 글로벌 기준에 부합하는 수준의 경영시스템을 갖추었음을 증명
∨ 이해관계자(투자자, 고객, 정부 등)로부터 신뢰를 획득할 수 있는 객관적 증거 확보

(2) 인증제도의 다층 구조

인증제도는 일반적으로 다음과 같은 3단계 구조로 이루어져 있다.

① 인증기관(Certification Body, CB)
∨ 실제로 조직을 심사하고, 인증서를 발급하는 기관
∨ 국내 예: 한국경영인증원, 한국표준협회, 윤리준법경영인증원, DNV, BSI 등
∨ 인증기관은 평가 대상 조직에 방문하여 문서 검토, 인터뷰, 현장 확인 등을 통해 ISO 기준 충족 여부를 심사

② 인정기관(Accreditation Body, AB)
∨ 인증기관이 적격한 심사 역량과 중립성을 갖추었는지를 검증하고 승인하는 기관
∨ 국제기준(예: ISO/IEC 17021-1)에 따라 인증기관을 정기적으로 평

가하고 인정

∨ 국내 예: 한국인정기구(KAB), 해외 예: ANAB(미국), UKAS(영국), JAB(일본)

③ 국제기구(국제 상호인정기구)

∨ IAF(International Accreditation Forum): 전 세계 인정기관들이 회원으로 참여

∨ IAF 회원 간 상호인정을 통해 해외에서도 인증서 효력 인정

→ 예: 한국에서 받은 ISO 9001 인증이 미국, 유럽, 일본에서도 공식 인정됨

(3) 인증 절차 개요

ISO 37301 인증을 받고자 하는 조직은 일반적으로 다음 절차를 거친다.

∨ 준비 단계
- 규범준수 시스템 구축 및 문서화
- 내부심사 및 경영검토 수행
- 인증기관 선정 및 계약

∨ 1단계 심사(Stage 1)
- 문서 검토: 시스템 구조와 요구 사항 충족 여부 사전 확인
- 주요 위험 요소, 범위, 운영 방식 분석

∨ 2단계 심사(Stage 2)
- 현장 심사: 부서별 인터뷰, 업무 흐름 확인, 실무 확인
- 실제 운영 이행 여부 확인

∨ 인증 결정
- 적합할 경우 인증서 발행
- 부적합 시 보완 요구 후 재심사

∨ 사후 관리 및 갱신
- 매년 사후 심사, 3년 주기 갱신 심사
- 변경 사항 발생 시 특별 심사 가능

(4) 인증 범위와 적용 가능성

인증은 조직 전체에 적용할 수도 있고, 특정 부서·사업장·기능만 선택할 수도 있다.

예를 들어:

∨ 전사적 적용: 모든 부서, 전 지역 사업장 포함
∨ 부분 적용: 국내 본사 및 영업부서만 포함, 해외법인 제외

조직은 ISO 37301의 '적용 범위(scope)'를 스스로 정의하며, 이 범위는 인증서에도 명확히 명시된다.

(5) ISO 37301 인증의 특징과 타 표준과의 차이점

항목	ISO 37301	ISO 37001	ISO 9001
대상	규범준수 경영 전반	부패 방지	품질경영
목적	법률·윤리 준수 체계 수립	뇌물 수수 예방 통제	고객 만족 및 품질 개선
인증 가능 여부	가능 (2021년 제정)	가능 (2025년 개정)	가능
요구 사항 성격	원칙 중심 + 실무 통제	통제 항목 중심	절차 중심

ISO 37301은 조직 전체의 규범경영 프레임워크를 다루며, 다른 표준(예: 9001, 14001, 37001 등)과 통합 적용이 용이하다.

공정위 CP등급평가와도 구조적으로 정합성을 가지므로, 국내외 기준을 동시에 만족시키기 위한 전략 수단으로 활용할 수 있다.

(6) 인증제도의 실무적 시사점

∨ 국내외 시장 대응력 확보: 수출기업, 다국적 기업은 해외 법령 대응 능력으로 신뢰도 향상

∨ ESG 및 지속 가능 경영 연계: ISO 37301 인증은 GRI, SASB 등 ESG 프레임워크와도 정합

∨ 공공기관·대기업 납품 가점 요소: 공공조달, 입찰 등에서 인증이 신뢰 기반으로 작용

∨ 내부 규범경영 문화 정착: 인증 준비 과정 자체가 기업 내부의 규

범준수 인식과 행동을 내재화하는 계기

ISO 37301과 같은 규범준수 경영시스템 인증은 단지 형식적 절차를 통과하는 것이 아니라, 조직이 책임 있는 기업 시민으로서 신뢰받기 위한 투명하고 공정한 제도적 증거이다. 인증제도는 국제적으로 통일된 구조를 통해 인증기관과 인정기관의 다단계 검증을 거쳐 이루어지며, 이를 통해 글로벌 시장에서 신뢰를 획득할 수 있는 중요한 수단이 된다.

2. 심사 프로세스(계획 ~ 보고)

국제표준 ISO 37301 규범준수 경영시스템의 제3자 인증을 받기 위해서는 공인 인증기관의 체계적인 심사를 거쳐야 한다. 이 심사는 단순한 서류 확인이 아니라, 조직의 규범경영 시스템이 실제로 작동하고 있는지를 다양한 방식으로 검증하고, 심사 결과를 바탕으로 인증 여부를 결정하는 절차이다.

심사 프로세스는 일반적으로 계획 수립 → 1단계 심사 → 2단계 심사 → 보고서 작성 및 인증 결정 → 사후 심사의 구조로 이루어지며, 이 흐름을 이해하는 것은 효과적인 인증 준비의 핵심이다.

(1) 사전 준비: 심사 범위와 일정 설정

조직은 인증기관과 협의를 통해 다음과 같은 심사 기본사항을 결정한다.

∨ 적용 범위(Scope): 전체 조직 또는 특정 부서, 사업장 등
∨ 심사 대상 위치: 본사, 지사, 해외법인 등 포함 여부
∨ 심사 일정 및 팀 구성: 심사일자 확정, 심사원 수 결정
∨ 관련 문서 사전 제출: 방침, 매뉴얼, 절차서 등 문서 리스트 송부

이 단계에서 조직이 어떤 활동을 인증 대상으로 포함할지 명확히 정의하는 것이 매우 중요하다. ISO 37301에서는 적용 범위가 인증서에 명시되므로, 실질적 활동이 반영되어야 한다.

(2) 1단계 심사(Stage 1): 문서 기반 시스템 검토

1단계 심사는 '서면 심사' 또는 '예비심사' 성격으로, 조직이 ISO 37301의 요구 사항을 만족할 수 있는 구조를 갖추었는지를 먼저 점검한다.

∨ 주요 활동:
  - 규범준수 방침, 조직도, 문서 체계, 내부심사, 경영검토 내역 검토
  - 규범 리스크 식별 및 평가 방식 확인

- 문서화된 정보 관리 체계 확인
　　　- 인증 범위의 적절성 및 준비 수준 평가
　　　- 향후 2단계 심사 일정 및 방법 협의
　∨ 결과:
　　　- 미비 사항 식별 시 시정 조치 요구
　　　- 통과 시 2단계 심사 진행 확정

(비고) 이 단계에서 많이 지적되는 부분은 내부심사 미실시, 문서의 최신화 미흡, 규범 리스크 정의 부족 등이다.

(3) 2단계 심사(Stage 2): 현장 운영 확인 및 인터뷰

2단계 심사는 인증 여부를 결정짓는 실질 심사 단계로, 조직의 시스템이 실무에서 실제로 운영되고 있는지를 현장 방문을 통해 확인한다.

　∨ 주요 활동:
　　　- 부서별 실무자 및 책임자 인터뷰
　　　- 교육 자료, 실사 기록, 통제 절차 등 증빙 확인
　　　- 위반사항 처리 사례 검토
　　　- 내부 점검 및 경영검토 회의록 확인
　　　- 시스템의 일관성, 적용성, 실효성 전반 확인
　∨ 심사 방법:

- 인터뷰, 문서 확인, 업무 시연, 시스템 캡처 등 다양
- CP담당자 외에 실제 실무자 면담 중요(영업, 구매, HR 등)

∨ 결과:
- 부적합 사항, 권고 사항 도출
- 시정조치가 필요한 경우, 기한 내 보완 후 인증 가능

(비고) 실무자들이 시스템을 이해하고 있는지, 문서와 실제 실행 사이에 괴리가 없는지가 핵심 평가 포인트다.

(4) 보고서 작성 및 인증 결정

심사 종료 후, 심사원은 다음과 같은 최종 심사보고서를 작성한다.

∨ 조직의 ISO 37301 요구 사항 충족 여부

∨ 강점(Strength) 및 미비점(Weakness)

∨ 부적합 사항 및 권고 사항

∨ 전체 심사 범위, 인터뷰 부서, 문서 검토 목록

∨ 인증 권고 여부

이 보고서는 인증기관의 인증결정부서에서 최종 검토를 거쳐 공식 인증서 발급 여부를 판단하게 된다. 통과 시 유효기간 3년의 인증서가 발행되며, 조건부 인증 또는 보완 후 재심사 요구가 내려질 수도 있다.

(5) 사후 심사 및 갱신 심사

ISO 37301 인증은 일회성 이벤트가 아니다. 인증 후에도 매년 사후심사, 3년마다 갱신 심사를 통해 시스템이 여전히 효과적으로 운영되고 있는지를 확인한다.

- ∨ 1차 사후 심사: 인증일로부터 12개월 이내
- ∨ 2차 사후 심사: 1차 사후심사 이후 다음 연도 내에 1회 실시 (☞ 일반적으로 인증일로부터 24개월 이내 진행함)
- ∨ 갱신 심사: 36개월 이내에 재심사 진행

사후 심사는 2단계보다 간소하지만, 여전히 중요한 증빙이 요구되며, 특히 시정조치 이행, 교육 운영, 경영검토, 리스크 재분석 결과 등 최근 활동 중심으로 검토된다. 따라서 전년도 심사 결과에 대한 개선 여부를 중심으로 확인한다.

(6) 실무 준비 팁과 시사점

- ∨ 내부심사와 경영검토 선행: 인증 심사 전 최소 1회 이상 자체 심사 및 최고경영자의 검토 실시 필요
- ∨ 문서 정합성 확보: 시스템 매뉴얼, 절차서, 방침, 리스크 평가 결과 등은 문서 체계에 맞춰 정비
- ∨ 증빙 자료 정리: 교육, 실사, 제보, 시정조치 등 실행 내역을 시기별

로 정리해 두면 인터뷰 대응에 효과적
　∨심사원과의 소통 전략: 조직의 특징을 이해시키고, CP 또는 ISO 37301 도입 배경, 운영 방식을 명확히 설명
　∨경영진 참여 확보: 인증기관은 리더십의 실질 참여 여부를 중점적으로 본다. CEO의 방침, 메시지, 회의 참석 기록은 반드시 준비

　ISO 37301 인증을 위한 심사 프로세스는 서류와 현장의 일관성을 점검하는 실효성 중심의 검증 절차다. 조직은 1단계 문서 검토를 통해 준비 상황을 점검하고, 2단계 현장 심사에서 시스템의 운영 능력을 입증해야 한다.
　심사 이후 보고서 작성과 사후관리까지 포함된 이 전체 프로세스를 숙지하면, 준비 방향과 인증 전략을 보다 명확히 설정할 수 있다.
　무엇보다 중요한 것은 "형식보다 실행"이라는 심사의 본질이다.

3. 심사원 윤리강령 및 이해 상충

　ISO 37301 규범준수 경영시스템을 비롯한 모든 ISO 인증제도의 핵심은 제3자 심사 기관의 독립성과 객관성이다. 이 원칙이 실효성 있게 작동하려면 심사를 수행하는 심사원의 윤리성과 공정성이 전제되어야 하며, 이에 따라 국제표준화기구(ISO)와 각국 인증기관은 심사원이 따

라야 할 윤리강령(Code of Ethics)과 이해 상충(Conflict of Interest) 방지 기준을 엄격히 제시하고 있다.

(1) 심사원 윤리강령의 필요성

경영시스템 심사는 조직의 내부 운영을 면밀히 들여다보는 민감한 과정이다. 따라서 심사원이 부적절한 의도, 편향된 판단, 정보 유출 등 윤리적 문제를 일으킬 경우 심사 자체의 신뢰가 훼손되며, 인증제도 전반에 대한 불신으로 이어질 수 있다.

ISO 심사원이 갖추어야 할 윤리성은 단지 도덕적 수준이 아니라, 제도의 객관성·중립성·일관성을 지키기 위한 제도적 장치다. 이러한 이유로 ISO/IEC 17021-1(경영시스템 심사 및 인증을 제공하는 기관에 대한 요구 사항)은 심사원의 윤리 원칙, 이해 상충 회피, 기밀 유지, 전문성 유지 등을 필수적으로 요구하고 있다.

(2) 윤리강령의 주요 항목

심사원이 따라야 할 윤리강령은 일반적으로 다음과 같은 항목으로 구성된다.

항목	내용
성실성 (Integrity)	조직의 규모, 업종, 관계에 따라 판단이 흔들려서는 안 되며, 편향 없는 평가를 수행해야 한다.

공정한 보고 (Fair presentation)	모든 심사 과정에서 개인적 이익보다 공정한 판단을 우선해야 하며, 허위 보고나 왜곡을 해서는 안 된다.
전문가적 주의 의무 (Due professional care)	정기적인 교육과 자격 유지 활동을 통해 심사원으로서의 지식과 기술을 최신 상태로 유지하며, 심사 상황에서 합리적인 판단을 내린다.
기밀유지 (Confidentiality)	심사 과정에서 접한 모든 정보는 외부에 누설하거나 개인적으로 활용해서는 안 된다.
독립성 (Independence)	심사대상이 되는 활동과 독립적이고, 모든 경우에서 편견 및 이해 상충이 되지 않도록 해야 한다.
증거 기반 접근법 (Evidence-based approach)	신뢰성과 재현성이 있는 심사 결론에 도달할 수 있도록 합리적인 방식으로 정보를 취득하고 이를 근거하여야 한다.
리스크 기반 접근법 (Risk-based approach)	심사의뢰자에게 중요한 사안 및 심사 프로그램 목표 달성에 중요한 사안을 초점을 두어야 한다.

(비고) 이 윤리 기준은 ISO 19011를 따르며, IAF(국제인정기구포럼), IRCA(국제심사원 등록기관), KAB(한국인정기구) 등에서도 공통적으로 적용된다.

(3) 이해 상충(Conflict of Interest)의 개념과 유형

이해 상충이란 심사원이 직무를 수행하면서 자신의 사적 이익이나 관계가 공정한 심사를 방해할 가능성이 있는 상황을 말한다. 이는 반드시 실제 문제가 발생한 경우뿐만 아니라, 그럴 가능성이 있는 상황도 포함된다.

주요 유형은 다음과 같다.

∨ 과거 또는 현재 해당 조직과의 고용·계약 관계
→ 최근 2~3년 내 자문, 컨설팅, 임직원 경력 등이 있을 경우 회피 대상
∨ 가족 또는 친분 관계에 있는 자가 심사 대상 조직에 재직 중
→ 객관적인 평가에 영향을 미칠 우려
∨ 금전적 이해관계
→ 조직으로부터 선물, 금품, 접대를 받았거나 받을 가능성이 있는 경우
∨ 심사 전 컨설팅 또는 가이드 제공
→ 인증기관의 공정성과 분리되지 않은 채 사전 컨설팅을 제공한 경우
∨ 심사원 본인의 과거 보고가 다시 심사되는 경우
→ 동일 보고서나 프로세스를 중복 심사할 경우 자가 검토 우려 발생

(4) 이해 상충 방지를 위한 제도적 장치

ISO 인증기관과 인정기관들은 심사원과 조직 간의 이해 상충을 방지하기 위해 다음과 같은 사전·사후 통제장치를 운영한다.

∨ 이해 상충 사전 확인서 제출
　→ 심사 시작 전 심사원은 조직과의 이해관계를 명시한 확인서를 제출

∨ 심사 배정 전 윤리검토 절차
　→ 인증기관은 배정 전 해당 심사원이 과거 동일 조직과의 관계 유무를 확인

∨ 이해 상충 발생 시 교체 또는 배제
　→ 사적 연관이 확인될 경우 즉시 다른 심사원으로 교체

∨ 심사원 연수 및 윤리 교육 의무화
　→ 연 1회 이상 윤리 및 기밀 유지 관련 교육 수강 의무

∨ 심사원 코드 서약
　→ 활동 시작 시 '심사원 윤리강령 준수 서약서'에 서명

(5) 대표 사례와 시사점

∨ 사례 ①: A심사원이 2년 전까지 근무하던 회사의 ISO 37301 인증심사를 배정받아 문제 제기
　→ 인증기관이 해당 배정 취소 후 제3의 심사원으로 재배정

∨ 사례 ②: B심사원이 과거 컨설팅했던 조직의 내부 프로세스에 대해 긍정적으로 보고
　→ 인증기관이 부적절한 평가로 판단하고 해당 심사원의 자격 정지 조치

∨ 시사점: 대부분의 윤리 문제는 '의도적 위반'보다 '인식 부족'에서 발생한다. 따라서 심사원 개인의 의식 수준과 제도적 감시 체계가 병행되어야 한다.

ISO 37301과 같은 인증제도의 핵심은 신뢰이며, 그 신뢰는 심사원의 윤리성과 객관성에서 비롯된다. 심사원은 단순한 기술 전문가가 아니라, 제도의 공정성과 사회적 신뢰를 지키는 준법경영 감시자이자 파트너다.

윤리강령의 철저한 준수와 이해 상충의 선제적 차단은 조직뿐 아니라 인증기관, 산업 전체의 공정성과 지속 가능성을 유지하는 근간이다. 심사원 개인은 물론 인증기관과 조직 모두가 이에 대한 책임을 인식하고 구조를 정비해야 한다.

4. 부적합 판정과 개선 조치 요구의 실제

ISO 37301 규범준수 경영시스템 인증 심사는 단순히 시스템이 존재하는지를 확인하는 것이 아니라, 그 운영 실효성과 기준 충족 여부를 다각적으로 검증하는 절차이다. 이 과정에서 심사원은 조직의 시스템이 ISO 요구 사항에 부합하지 않는 경우, 이를 "부적합(Nonconformity)"으로 판정하고 시정조치를 요구할 수 있다.

부적합 판정은 단순한 평가가 아니라, 조직의 시스템을 개선할 수 있는 중요한 출발점이며, 인증의 적합성 여부에도 직접적인 영향을 미친다.

(1) 부적합(Nonconformity)의 정의

국제표준 ISO/IEC 17021-1에 따르면, 부적합이란:

"요구 사항(예: ISO 37301의 요구 사항)의 불충족"을 의미한다. 즉, 시스템 상으로 요구된 문서, 절차, 실행 결과가 다음과 같은 경우 모두 부적합으로 간주된다.

- ∨ 요구 사항이 문서화되어 있지 않음
- ∨ 문서화되어 있으나, 부적절하거나 불완전하여 요구 사항을 충족하지 못함
- ∨ 문서상으로는 존재하나, 실제 운영·이행되지 않음
- ∨ 실행되었으나, 객관적 증거가 불충분하거나 실행 내용과 문서 간 불일치가 존재함

(2) 부적합의 분류

심사에서 발견되는 부적합은 중부적합(Major nonconformity)와 경부적합(Minor nonconformity)로 나뉜다.

구분	기준	예시	영향
중대 부적합	경영 시스템의 효과성에 중대한 영향을 미치거나, 핵심 요구 사항의 누락, 반복적 위반 등	경영검토 미실시, 필수 교육 미이행, 부적합 조치 미기록 등	인증 불가 또는 (인증 범위 축소 등) 조건부 인증
경미 부적합	시스템 전반의 효과에는 영향이 없으나, 일부 절차적 또는 기록상 오류가 있는 경우	교육 일정 지연, 문서화 오류, 일부 기록 미보관 등	시정조치 후 인증 가능

(비고) 단, 경미 부적합이 다수이거나 반복될 경우, 중대 부적합으로 격상될 수 있음.

(3) 부적합 판정의 예시

아래는 ISO 37301 인증심사 중 자주 발생하는 부적합 사례들이다.

요구 사항	실제 부적합 사례	분류
5.1 리더십	최고경영자의 방침 선언은 있으나, 실질적 활동(회의 주재, 메시지 전파 등) 없음	경미~중대
6.1 리스크	규범 리스크 목록은 있으나 평가 기준과 대응 전략이 명확하지 않음	중대
7.3 인식	일부 부서에서 교육 이수가 누락되었고, 교육 자료에 최신 법령 미반영	경미
9.2 내부심사	내부심사 계획은 있으나 실제 수행된 기록 없음	중대
10.2 시정조치	과거 위반 사례에 대해 구두 경고만 존재하고 문서화된 조치 기록 없음	경미

(4) 시정조치(Corrective Action) 요구의 실제 흐름

부적합 판정이 내려지면, 조직은 다음과 같은 시정조치 프로세스를 거쳐야 한다.

① 부적합 통지
- 심사 종료 시 심사원이 시정조치 요구서 제공
- 항목별 설명 및 조치 기한 안내

② 원인 분석(Root Cause Analysis)
- 왜 이런 문제가 발생했는지 근본 원인을 분석
- 5Why, Fishbone Diagram 등 활용

③ 시정조치 계획 수립
- 개선 방법, 담당자, 일정, 검증 방식 포함
- 단순 수정 아닌 재발 방지 중심의 계획 수립

④ 이행 및 증빙 제출
- 시정 결과를 관련 문서, 캡처, 기록 등으로 정리
- 인증기관에 제출 후 승인받아야 함

⑤ 검토 및 인증 여부 결정
- 인증기관이 승인할 경우 인증 절차 재개 또는 완료
- 미흡할 경우 추가 자료 요청 또는 현장 재심사

(5) 실무 대응 전략

∨ 내부심사에서 사전 모의 판정 실시

→ 외부 심사 전, ISO 기준을 기반으로 내부 자체 심사 실시

→ 문서 적정성 + 운영 실행 + 증빙 보유 여부 전수 점검

∨ 부적합 발생 시 책임 회피 금지

→ '담당자가 바뀌어서' 또는 '코로나 때문에 못 해서'라는 해명은 인정받기 어려움

→ 제도적 개선 의지를 보여 주는 진단과 실행이 더 중요

∨ 시정조치 트래커(표) 운영

→ 부적합 항목, 원인, 조치 계획, 기한, 증빙 자료 등을 표 형태로 관리

→ 사후 심사 시 활용 가능

(6) 시정조치 보고서 예시(간략 양식)

항목	내용
부적합 항목	9.2 내부심사 미실시
판정 유형	중대 부적합
발생 원인	내부심사 담당자 공석, 연간 계획 미수립
시정조치	내부심사 계획 수립, 담당자 지정, 교육 후 실행 완료
재발 방지	내부심사 연간 캘린더 고정, 자동 알림 시스템 도입
증빙 자료	내부심사계획서, 회의록, 결과 보고서 스캔본
완료일자	2025.04.25

ISO 37301 인증 심사에서의 부적합 판정과 시정조치 요구는 위협이 아닌 기회다.

이는 조직이 놓치고 있던 규범 리스크를 객관적으로 드러내고, 시스템을 실질적으로 개선할 수 있는 계기가 된다.

부적합 자체가 인증 거부를 의미하지는 않으며, 시정의 진정성과 실행력이 인증 여부를 결정짓는 핵심이다.

― 제7장 ―
심사 체크리스트와 사례 기반 해설

1. 실제 심사 시 자주 나타나는 부적합 사례

ISO 37301 규범준수 경영시스템은 명문화된 절차와 실질적 운영이 조화를 이루어야 진정한 효과성을 인정받는다. 그러나 많은 조직들이 형식적인 준비에 집중하거나 핵심 요구 사항을 간과함으로써 심사 시 부적합(NC) 판정을 받곤 한다. 이러한 부적합은 단순 오류보다 시스템의 본질적인 결함이나 실행력 부족에서 비롯되는 경우가 많다.

여기서는 심사현장에서 자주 발견되는 부적합 사례들을 조항별로 정리해 실무자가 사전에 점검할 수 있도록 했다.

(1) 조직의 상황 및 리스크 평가 관련(4장, 6.1)

부적합 사례	설명
규범 리스크 목록만 있고, 정량적 평가 미흡	식별은 했지만 평가 기준 없이 나열에 그침
외부/내부 이슈 파악 내용 부재	조직의 상황(Context)에 대한 분석 없음
리스크 대응 계획과 실제 통제 절차 불일치	계획에는 있음, 운영에는 반영 안 됨

(비고) 리스크는 단순 나열이 아니라 평가 기준과 대응 계획이 연계된 체계로 작성되어야 함.

(2) 리더십 및 방침 관련(5장)

부적합 사례	설명
CEO 명의의 방침은 있으나 실제 참여 이력 없음	메시지는 있지만 회의·결정 등 운영 흔적 부재
규범준수 방침 사내 전파 미흡	일부 부서만인지, 전사 공지나 게시물 부재
최고경영자의 책임에 대한 오해	경영진이 단지 보고만 받는 구조

(비고) "Tone at the Top"은 선언이 아니라 행동으로 입증되어야 하며, CEO의 활동 기록이 핵심 증빙.

(3) 운영 및 실행(통제·교육·실사 등) 관련(8장)

부적합 사례	설명
전사 교육 이수율 미달	전체 대상 중 일부 부서 교육 누락
고위험 거래에 대한 실사 미비	제3자 계약, 고액거래 등 별도 점검 없음
규범 관련 문서 구식 정보 포함	법령 개정 반영 안 된 매뉴얼 사용
위반 발생 시 구두 경고만 존재	공식 시정조치나 기록 없이 구두로 처리

(비고) 실행은 계획보다 더 중요하며, 실사·통제·교육의 실적과 문서화 여부가 결정적인 평가 포인트.

(4) 성과 평가 및 모니터링 관련(9장)

부적합 사례	설명
내부심사 미실시	연간 계획에 있으나 실제 심사 안 함
경영검토 미흡	단순 보고 수준, 결정·지시 없는 형식적 회의
성과지표 부재	KPI 없이 단순 활동만 나열

(비고) ISO 시스템은 "PDCA 사이클"이 제대로 돌고 있는가를 중심으로 평가됨. 내부심사와 경영검토는 핵심.

(5) 시정조치 및 지속적 개선 관련(10장)

부적합 사례	설명
과거 위반 사례에 대한 재발 방지 조치 없음	일회성 조치에 그치고 시스템 반영 안 됨
시정조치 내용과 실행 결과 불일치	계획은 제출했으나 실행 증빙 없음

(비고) 단순 대응이 아닌, 재발 방지를 위한 구조적 개선이 요구됨. 시정조치는 '예방'의 출발점.

(6) 문서화 및 증빙 관련(7.5, 전반)

부적합 사례	설명
최신 버전 문서 미정리	이중 문서 존재, 수정일·책임자 미표시
교육자료, 실사 기록, 회의록 등 누락	실제 활동은 있으나 증빙 미보관

(비고) ISO 인증은 "문서화된 증거 기반" 시스템이므로, 아무리 잘해도 기록이 없으면 인정받기 어려움.

(7) 반복적으로 나타나는 공통적 문제

∨ 시스템은 잘 구성되어 있으나, 직원들이 내용을 몰라서 실행되지 않음

∨ CP 또는 ISO 관련 활동이 일부 부서 전담 형태로 운영되어 전사적 확산 부족

∨ 실제 심사 전 내부 모의심사나 사전점검 미흡
∨ 교육은 했으나 테스트 또는 효과 측정이 없음

ISO 37301 심사에서 자주 나타나는 부적합은 대부분 "제대로 운영되지 않음", 또는 "운영되었으나 증빙이 없음"에서 비롯된다. 단순한 형식 미비보다, 실제 시스템이 '살아 움직이고 있는가'를 입증하는 실행력과 문서화 능력이 인증의 핵심이다.

조직은 자주 나타나는 부적합 사례를 체크리스트 삼아 사전 점검을 수행하고, 전 부서가 시스템을 이해하고 참여할 수 있도록 내부 교육과 교차 점검 체계를 갖춰야 한다.

이를 통해 단순 인증을 넘어, 지속 가능한 규범경영 문화 정착이라는 진정한 목표에 가까워질 수 있다.

2. 심사원 교육 평가 및 모의심사 시나리오

(1) 심사원 교육 평가 항목 및 기준

ISO 37301과 ISO 37001의 심사원은 단순한 요구 사항 숙지 수준을 넘어, 리스크 기반 접근, 윤리성 판단, 심사계획 수립 및 실행력, 조직과 소통하는 태도 등 복합적 역량을 요구받는다. 이를 평가하기 위해 아래와 같은 6가지 항목을 중심으로 교육 중·후 평가가 이루어져야 한다.

평가 항목	주요 평가 내용
1. 표준 이해도	ISO 37301 및 37001의 구조(HLS), 핵심 조문, 요구 사항 간 연계 이해도
2. 인터뷰 기술	부서장 및 실무자와의 인터뷰 기법, 비언어적 관찰력, 리스크 식별을 위한 질의 설계 능력
3. 증거 평가 능력	문서·운영 증거 판단력, 실행 여부 확인 기준 설정, 부적합·관찰 사항 판단 기준 명확성
4. 보고서 작성 역량	시정조치 요청서, 부적합 보고서, 심사보고서 구성 능력, 논리적 흐름과 증빙 연계 명확성
5. 윤리성 및 독립성	이해 상충 회피 판단력, 기밀 유지 인식, 편향 없는 판단력
6. 시나리오 대응력	가상의 심사 상황에 대한 판단 및 대응 능력(예: 위반 은폐 의심, 고의적 회피 등 비정형 대응력)

∨ 평가 방식 예시:

- 필기시험: 표준 조문 해석 및 사례 기반 객관식/서술형
- 롤플레잉 인터뷰 평가: 강사가 조직 역할, 교육생이 심사원 역할 수행
- 보고서 작성 실습: 가상의 기업 사례를 분석하고 심사보고서 제출
- 토론 및 브리핑: 윤리적 딜레마 또는 이해 상충 상황 주제에 대한 토론

(2) 실무 중심 교육 구성 및 평가 전략

심사원 교육은 지식 전달 → 도구 실습 → 상황 적용 → 평가의 흐름

을 따라야 한다.

∨ 교육 구성 예시 (3일 과정 기준):

일자	주요 내용
1일차	- ISO 37301/37001 표준 구조 및 요구 사항 해설
	- HLS 및 리스크 기반 접근론 이해
2일차	- 문서 검토 및 인터뷰 기술 실습
	- 부적합 판단 연습(시나리오 기반)
	- 윤리강령 및 이해 상충 교육
3일차	- 모의심사 실습(그룹 활동)
	- 보고서 작성 실습 및 발표
	- 개별 피드백 및 종합평가

∨ 교육 중 평가 포인트:

- 실무 중심 시나리오 분석력

- 관찰력과 인터뷰 질문 설계 능력

- 문제 해결력(예: 애매한 증거의 판단 기준 설정)

- 팀워크 및 피드백 수용력

(3) 모의심사 시나리오 예시

∨ 목적: 교육받은 심사원이 실제와 유사한 상황에서 문제 식별 → 증거 요청 → 부적합 판단 → 보고서 작성 흐름을 실습하도록 함.

시나리오 ①: 문서화는 되었지만 실행은 불확실한 사례

∨ 상황: A기업은 ISO 37301 인증 준비 중이다. 내부심사 기록, 교육계획서, 방침 등은 모두 구비되어 있음. 그러나 인터뷰 중 현업 실무자가 "그런 교육을 받은 기억이 없다"고 발언.

∨ 심사원 역할:
  - 인터뷰 범위를 확대하여 교육 이행 여부 확인
  - 출석부, 회의록 등 증거 요청
  - 필요 시 교육 일정표와 비교 분석

∨ 평가 포인트:
  - 문서상 교육 이행과 실제 실행 간 불일치 여부 판단
  - 관련 문서의 일관성 및 신뢰성 평가

시나리오 ②: 경영진 참여 미흡

∨ 상황: 방침에는 CEO 서명이 있고 이사회에서 승인되었다고 하나, 실제로는 경영검토 회의에 CEO는 참석하지 않고 부서장이 대신함.

∨ 심사원 역할:

- 경영검토 회의록 확인
  - 방침 승인 과정 질의
  - 경영 리더십의 실질성 평가
∨ 부적합 가능성:
  - ISO 37301 5.1 리더십 요건 미충족
∨ 토론 주제:
  - 형식적 리더십과 실질적 참여의 기준은?

시나리오 ③: 부패 위험 리스크 평가의 미비
∨ 상황: B사는 ISO 37001 도입 조직이며, 위험 평가 문서는 있으나 "부패 관련 리스크"는 단 두 건만 기재되어 있음. 고위험 거래처 실사 내용도 없음.
∨ 심사원 역할:
  - 리스크 평가 기준 확인
  - 거래 현황, 계약 프로세스 등과 리스크 목록 비교
  - 제3자 실사 여부 점검
∨ 핵심 쟁점:
  - 위험 식별의 적절성 vs 형식적 충족 여부

시나리오 ④: 이해 상충 사례 대응 실패
∨ 상황: 심사 중 특정 임원이 협력업체와의 사적 친분관계를 기반으

로 계약을 체결한 정황이 발견됨. 내부 제보자는 있었으나, 제보 처리 흔적 없음.

∨ 심사원 역할:
- 제보 시스템과 대응절차 확인
- 내부 감사 기록 또는 윤리위원회 회의록 요청
- 이해 상충 등록 제도의 유무 확인

∨ 윤리적 판단 과제:
- 조직이 고의로 은폐한 정황이 있다면?

심사원 교육은 단순히 문서를 이해하는 수준을 넘어, 문제 발견 → 사실 확인 → 판단 → 보고 → 개선 요구의 전 과정을 실무적으로 훈련하고 평가해야 한다. 이를 위해 다층적 평가 항목 설정, 현실적인 시나리오 활용, 윤리 중심 판단력 훈련이 반드시 포함되어야 하며, 실제 인증 심사를 대비한 모의심사 중심의 교육 운영 방식이 가장 효과적이다.